小团队项目管理

项目管理

全图解落地版

任康磊◎著

人民邮电出版社

北京

图书在版编目（CIP）数据

小团队项目管理：全图解落地版 / 任康磊著. --
北京：人民邮电出版社，2022.1
ISBN 978-7-115-57763-4

Ⅰ. ①小… Ⅱ. ①任… Ⅲ. ①团队管理－项目管理
Ⅳ. ①C936

中国版本图书馆CIP数据核字(2021)第220756号

内 容 提 要

本书内容涵盖小团队实施项目管理的各模块，以实际场景和应对策略为背景，介绍小团队管理者在实施项目管理过程中经常遇到的问题、用到的工具和应用的方法。

全书共 7 章，主要内容包括：如何全面理解项目管理，如何管理项目流程，如何做好项目沟通，如何进行时间管理，如何管理项目中的资源，如何管理项目质量，如何管理项目可能存在的风险。

本书采取图解的形式，通俗易懂、贴近实战，工具和方法丰富，适合企业各级管理者、各类团队管理者、创业者、中小企业主、管理咨询师、人力资源管理各级从业人员、培训师/培训工作从业者、管理类相关专业在校生以及所有对项目管理方法感兴趣的人员。

◆ 著　　　　任康磊

责任编辑　马　霞

责任印制　彭志环

◆ 人民邮电出版社出版发行　　　北京市丰台区成寿寺路 11 号

邮编　100164　　电子邮件　315@ptpress.com.cn

网址　https://www.ptpress.com.cn

涿州市般润文化传播有限公司印刷

◆ 开本：700×1000　　1/16

印张：17　　　　　　　　　　　2022 年 1 月第 1 版

字数：206 千字　　　　　　　　2025 年 9 月河北第 11 次印刷

定价：69.80 元

读者服务热线：(010)81055296　印装质量热线：(010)81055316
反盗版热线：(010)81055315

我人生的第一套房子是为结婚而买。房子是毛坯交付，10 月份付款后，我马上开始筹备装修事宜。装修公司是一个同事介绍的，他的房子刚装修完，还没住进去，用的就是这家装修公司。

他对装修效果很满意，几次邀请我去他家参观，可我们时间总不凑巧，我一直没有机会去现场。我看他自信满满的样子，心想效果应该不会太差，于是决定找这家装修公司承包我婚房的装修项目，在当年 11 月初签了合同，交了预付款。

然而，整个装修项目进展让我很不满意，项目预期与实际交付大相径庭。

1. 预算超标

一开始，我的装修预算是 15 万元，负责我家装修工程的项目经理也是按照这个价格做的项目预算报价，并按照这个预算价格与我签的合同。然而在实际执行过程中，项目经理时常会就各种原料实际的选品和价格再与我沟通。

项目经理推荐的各种好原料不仅高端大气上档次，而且还环保，但价格也都比原来的预算高。我对装修建材一窍不通，听项目经理说得头头是道，也觉得好像应该选更好的。于是一来二去，最后装修实际花了 25 万元。

后来我请教一个懂行的人才知道，原本预算中的那些原材料其实并不像项目经理说的那样不堪，价格低不代表不好，更不代表这些材料有环保问题。项目经理这么做只是为了尽量提高装修费用，因为项目经理的提成与装修实际花费相关。

2. 时间延期

我的婚礼定在第二年 7 月，所以我签合同时特别要求第二年 4 月初装修工程必须结束，预计给装修工程安排的时间为 5 个月。原计划第二年 4~7 月的 3 个月时间专门用来"晾味儿"，可实际上整个项目到第二年 6 月中旬才结束。要不是我后期态度强硬地催促，甚至有可能拖到婚礼后。

正常情况下，5 个月完工是绰绰有余的。而且在签合同之前，项目经理也多次表达了 5 个月内肯定能完工。那为什么会延期呢？因为装修工程主要集中在冬天，气温影响了一些工程的进展，而且这个时间段跨春节，存在工人返乡的问题。

这些影响进度的因素，项目经理如果能在第一时间察觉，并提早安排装修工作进程，原本也是可以避免的。然而项目经理到气温下降了，才发现有些受气温影响的工作无法开展；到春节快放假了，才发现有些工作将停滞，全然没有提前预判。

3. 质量问题

装修交付时，我发现了厨房安装的水盆上，水龙头竟然挡住了厨房窗户，导致厨房窗户打不开；水盆用了几天就生锈；室内消防感应的盖子找不到了；柜子内部结构不合理；装修后不久白墙上竟然出现了裂纹等诸多问题。

后来我针对这一系列质量问题找项目经理交涉，项目经理口头答应会全部妥善处理，却一拖再拖，很多问题在我结婚入住后才陆续解决。

为什么项目经理处理不积极呢？因为装修费用增加后，我补交了一些钱，按理说还剩总款项的 10% 作为尾款，必须等我做项目验收后再支付。但因为我后来又修改取消了一些装修项目，我交的钱已经大于项目实际费用，变成项目验收后，装修公司要退我钱，所以对方不再积极了。

我的婚房装修过程，就是一个典型的项目管理失败案例，而且失败得非常彻底，在时间、质量和资源 3 个关键点上都出了问题。后来我找到装修公司老板，和他说了整个事件的始末。他一个劲儿地向我道歉，说是因为他管理不善。出于职业惯性，我和他一起盘点了到底是什么导致了这个项目失败。

1. 人员问题

这家装修公司规模较大，有很多大大小小的装修项目在同时开展，但运营这些装修项目的项目经理素质和能力参差不齐。负责我同事房子装修的项目经理经验非常丰富，所以装修比较成功。但负责我房子装修的项目经理是个新人，素质和能力都存在问题。

2. 管理问题

如果那家装修公司对项目经理的激励不是只有项目总费用这一个维度，如果对项目经理有到位的管理和培养，如果新的项目经理有老的项目经理传帮带，如果有一整套项目管理的知识体系供新的项目经理学习，如果有之前项目失败的备忘可以供新的项目经理参照，也不至于出现这样的问题。

3. 流程问题

如果那个项目经理在项目开始前做好规划和推演，在项目进行时做好跟进和检查，在项目结束前做好收尾和评估，不至于出现这样的问题。但那个项目经理没这么做全是因为能力问题吗？不是。如果这家公司项目管理的流程中有这些内容，而且有每项内容的注意事项，项目经理也不会无动于衷。

项目管理并不像很多人想的那样简单。表面上看，项目的目标只是为了交付成果，只要朝着成果努力，最终保证交付就好了。可如果项目管理的过程做不好，将很难收获好的成果。很多管理者业务能力虽强，却做不好项目经理。因为项目管理是个系统工程，要考虑的维度较多，存在一定的专业门槛。

当我开始创业，带领咨询团队开展项目时，也与国际顶级的咨询公司一起参与过不少咨询项目。对项目管理的理解越来越深刻后，也越来越发现项目是否成功，与项目经理的项目管理能力有很大关系。

为了帮助项目经理提升项目管理能力，我根据经验总结了保证项目管理成功的实战方法。严格按照这些方法实施项目管理，项目就不容易出问题。

本书以我与高远公司总经理王培文就项目管理的咨询过程为背景，详细解析了项目管理实战过程中需要的方法、工具和应用中的注意事项。

为便于读者快读阅读、理解、记忆并应用，本书对问题场景、实用工具介绍和对工作相关的应用解析全部采用图解的形式呈现。

祝读者朋友们能够学以致用，更好地学习和工作。

本书若有不足之处，欢迎读者朋友们批评指正。

■ 本书特色

1. 通俗易懂，上手迅速

本书采取图解的形式，通过对工具和方法的解构，保证读者能够看得懂、学得会、用得上，让读者以最快的速度掌握小团队实施项目管理的关键要务。

2. 内容丰富，实操性强

本书包含小团队项目管理中能够用到的各类工具和方法，将这些工具和方法图形化、可视化、流程化、步骤化，且注明实战中的注意事项，让读者一目了然。

3. 立足实践，解析详尽

本书以小团队项目管理实战中的各类实际场景为背景，通过实际问题引出实战工具，通过对实战工具的充分解析，让读者不仅知其然，更知其所以然。

■ 本书内容及体系结构

本书包含小团队管理者在实施项目管理过程中经常遇到的问题、用到的工具和应用的方法。

第 1 章　项目管理概述

本章主要介绍项目管理总论，包括项目管理如何解决问题，项目经理需要具备哪些能力，不同项目阶段应如何管理；如何打造项目团队，包括项目的组织机构设计，高效项目团队打造，项目管理的层级划分；如何判断项目成败，包括项目成功的标准，成功的要件和失败项目的特点。

第 2 章　项目流程管理

本章主要介绍项目流程开始的工作重点，包括管理项目流程，制定项目章程，设计项目计划；项目启动运行过程中的工作重点，包括设定项目目标，定义目标价值，分解项目工作，确定项目范围，明确项目任务，划分项目权责；项目监控收尾阶段的工作重点，包括监控项目执行，实施变更管理，应对项目变更，实施项目收尾和管理项目知识。

第 3 章　项目沟通管理

本章主要介绍项目沟通前应准备的重点工作，包括设计沟通计划，平衡多方沟通，实施项目沟通；项目沟通的技巧，包括保证沟通顺畅的技巧，增强团队信任的技巧，创造平等氛围的技巧，引导团队创新的技巧和活跃团队气氛的技巧；项目会议管理的方法，包括会前准备工作，把控会议节奏的技巧，实施会后跟踪的方法。

第4章　项目时间管理

本章主要介绍项目时间管理规划方法，包括项目时间安排方法，项目工期估算方法和项目时间计划编制方法；时间管控技巧，包括工作主次划分技巧，紧急工作应对技巧，抓准主要工作的技巧和工作效能提升技巧；时间管理评估方法，包括评估时间运用的方法，实施时间评估的方法和避免低水平勤奋的技巧。

第5章　项目资源管理

本章主要介绍项目人力资源管理方法，包括选拔、培养、考核和激励项目成员的方法；项目成本管理方法，包括估算项目成本的方法，管控项目成本的方法和考核成本进度的方法；项目采购管理方法，包括设计采购计划的方法，实施采购谈判的方法和控制采购结果的方法。

第6章　项目质量管理

本章主要介绍项目质量规划方法，包括划分质量等级的方法，编制质量计划的方法和定义质量标准的方法；质量过程管理方法，包括传递质量意识的方法，管控流程质量的方法和提高质量水平的方法；质量结果评判方法，包括实施质量检查的方法，实施质量评价的方法和查找问题原因的方法。

第7章　项目风险管理

本章主要介绍风险的定义和应对方法，包括识别项目风险的方法，评估风险等级的方法，应对项目风险的方法；风险检查预防的方法，包括进行风险检查的方法，进行安全评估的方法和全员落实安全的方法；项目冲突管理方法，包括避免冲突发生的方法，应对项目冲突的方法和应对员工对抗的方法。

■ 本书适用读者

企业各级管理者；各类团队管理者；创业者；中小企业主；管理咨询师；人力资源管理各级从业人员；培训师／培训工作从业者；管理类相关专业在校生；所有对项目管理方法感兴趣的人员。

◆ 本书背景

1 最近公司的几个项目频频出问题，实际达成结果和项目预期相差较远。

高远公司总经理 王培文

2 怎么会这样呢？

本书作者 任康磊

3 这批新上的项目经理原来都是业务骨干，业务能力很强，但管理能力较差。

4 咱们公司以项目制为主，应该重点提升一下项目经理的项目管理能力。

5 谁说不是呢？可要从哪里提升呢？

6 可以重点从团队打造、流程管理、沟通管理、时间管理、资源管理、质量管理和风险管理7个方面打造项目经理的项目管理能力。

背景介绍

　　高远公司是一家管理咨询公司，以项目形式开展业务，向客户交付项目成果。随着公司业务拓展，团队规模增加，高远公司在项目上频频出问题，原因是新晋项目经理的项目管理能力较弱。要改变现状，就要提升项目经理的项目管理能力。

目录

04
项目时间管理　　　　119

01

项目管理概述 ——

本章背景

1 项目管理究竟有什么作用呢?

2 项目管理的核心就是研究如何一次性把事情做对，如何一次性把事情做好。

3 项目管理究竟要管什么呢?

4 既要管过程，又要管结果。既要关注时间，又要关注质量，还要关注资源。

5 这听起来也太难了，怎么让项目经理快速掌握项目管理技能呢?

6 可以先从工具和方法论入手，让项目经理学会各类项目管理的工具和方法论，然后把它们固化成习惯。

背景介绍

　　项目是为某种特殊产品或服务而发生的临时任务。项目管理是通过知识、工具、方法论，保证项目高质量、高效率实施的一系列管理活动。要确保项目有效落地，保证项目管理顺利实施，需要培养合格的项目经理、打造高效的项目团队。

1.1　项目管理总论

　　工作中，项目无处不在，组织一场活动，研发某个产品，改进某个流程，设计某类制度，实施某场培训，召开某类会议等为达成某个临时特定目标而实施的一系列管理活动，都属于项目管理的范畴。项目的目标最终能否达成，与项目管理的质量有很大关系。

1.1.1 项目管理如何解决问题

问题场景

1 这些新晋管理者不应该不具备项目管理能力啊，这些人平时能把业务做好，为什么项目管理却做不好呢？

2 业务和项目存在本质的区别。业务很多是已知的、旧的、重复的，项目则主要是面对未知的、新的领域。

3 仔细一想确实是这样，怪不得新晋管理者带不好队伍。

4 从某种意义上讲，项目管理是用已知的方法对未知可能的管理。

5 没听明白……怎么理解呢？

6 项目管理的工具和方法是已知的，但过程中可能发生的状况是未知的。

问题拆解

　　项目并不是单个作业动作，而是一系列作业动作的合集。项目并不是用来解决重复的、持续的、已知的事务，而是用来解决临时的、独特的、新的事务。项目随时面临着未知的风险。项目实施过程中可能出现很多难以预测的风险，要通过项目管理已知的工具和方法来应对。

方法与工具

工具介绍

项目管理

　　项目管理是通过对知识、工具和方法论的运用，为达成项目的某个目标，围绕项目顺利开展实施的计划、组织、协调、控制等管理活动。所谓项目，是专门解决临时的、独特的、新事务问题的一系列动作。项目管理应当具备固定的开始时间和结束时间，有具体的目标、计划和结果。

项目定位示意图

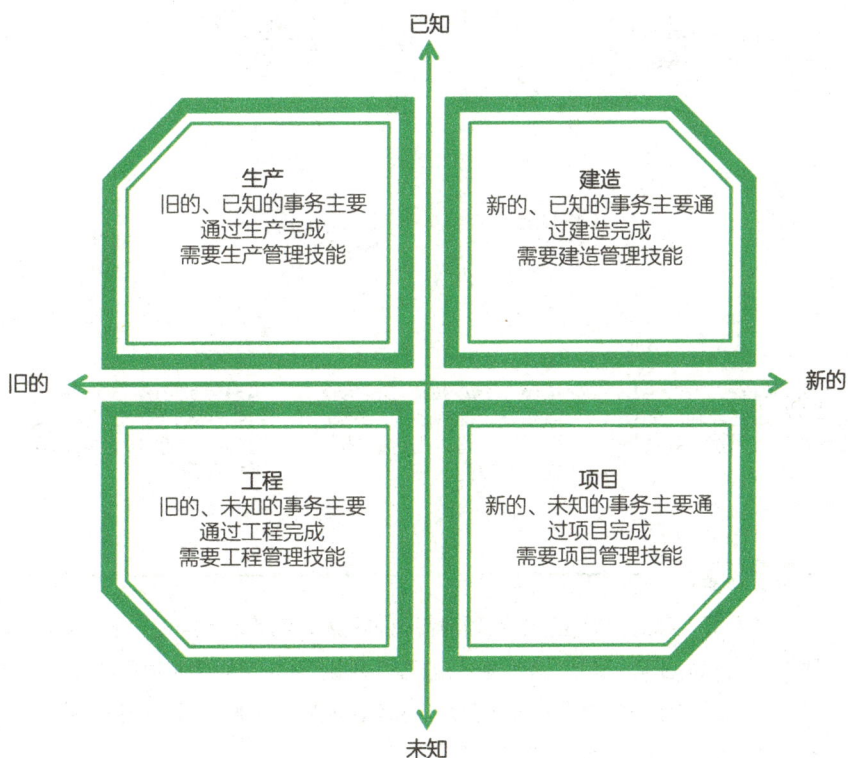

已知

生产
旧的、已知的事务主要
通过生产完成
需要生产管理技能

建造
新的、已知的事务主要通
过建造完成
需要建造管理技能

旧的

新的

工程
旧的、未知的事务主要
通过工程完成
需要工程管理技能

项目
新的、未知的事务主要通
过项目完成
需要项目管理技能

未知

应用解析

项目管理的 6 大主要内容

本书第2章内容，包括对启动项目、制订计划、执行监控和收尾评价等关键流程的管理。

本书第3章内容，包括沟通开始前的准备，沟通需要掌握的技巧和高效召开会议的管理。

本书第4章内容，包括对时间规划的管理，时间管理的技巧和对时间管理实施质量的评估。

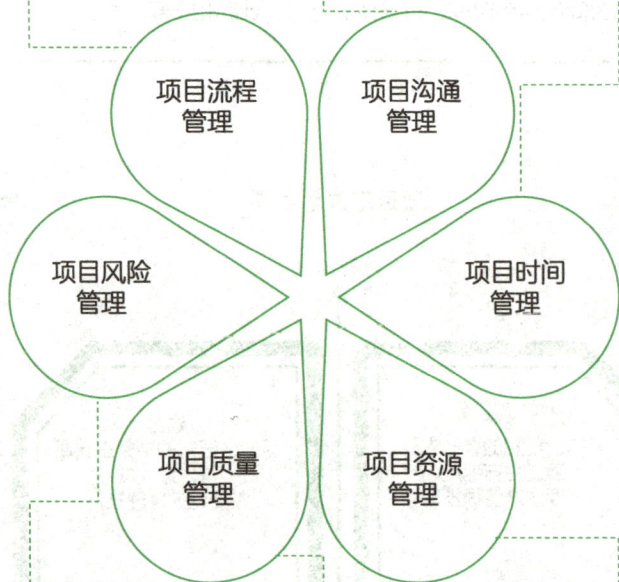

项目流程管理

项目沟通管理

项目风险管理

项目时间管理

项目质量管理

项目资源管理

本书第7章内容，包括如何定义和应对风险，如何检查和预防风险，如何做冲突管理。

本书第6章内容，包括项目质量管理的规划，对过程的质量管理和对结果的检查和评判。

本书第5章内容，包括项目中的人力资源管理，项目的财务成本管理和项目采购管理。

小贴士

本书第 1 章的主要内容是对项目管理的概述，包括项目经理实施项目管理需要具备的基础知识，如何构建和打造项目团队，如何评判项目的成败。成功的项目往往是在项目的方方面面都没有出问题，失败的项目则很可能是在上述内容中的一个或几个环节出现了问题。

1.1.2　项目经理需要具备什么

问题场景

1 在我们那个年代，谁业务水平高，谁就能当项目经理，领着大家做项目。

2 很多不合格的项目经理正是这样产生的，而且这些项目经理也很难被培养成合格的项目经理。

4 因为合格的项目经理有能力要求和角色要求，这个要求与精通业务的岗位不同，项目经理不需要成为最懂业务的人。

3 为什么这么说？

5 这确实有些颠覆我的认知，不过你说的很有道理。

6 以后选拔和培养项目经理，还是要先设定框架，根据框架实施选拔。

问题拆解

　　项目能成功，项目经理的素质起着决定性作用。团队应定义出项目经理的能力要求和角色定位，长期按这个逻辑来选拔和要求项目经理。这样团队的项目经理人选将越来越优质，否则项目管理必然会出问题。

方法与工具

工具介绍

项目经理的 3 大核心能力

项目经理应当具备 3 大核心能力，分别是团队管理能力、项目管理能力和战略管理能力。

团队管理能力指的是对团队成员的指导、激励等与带团队相关的知识和技能。

战略管理能力指的是与愿景、价值观或战略承接和实现相关的知识和技能。

项目管理能力指的是与保证项目顺利实施相关的知识和技能。

团队管理能力侧重在管人，项目管理能力侧重在管事，战略管理能力侧重在管方向。

项目经理的 3 大核心能力

包括领导能力、授权能力、激励能力、沟通能力等。

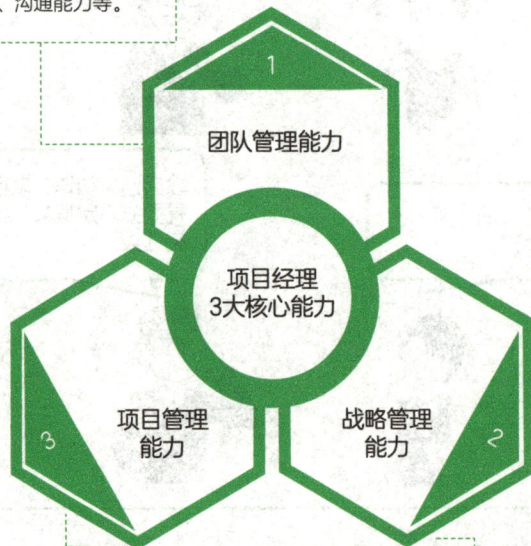

1
团队管理能力

项目经理
3大核心能力

3
项目管理
能力

2
战略管理
能力

包括计划能力、写作能力、业务能力、协调能力等。

包括分析能力、组织能力、判断能力、指挥能力等。

应用解析

项目经理的 4 大角色定位

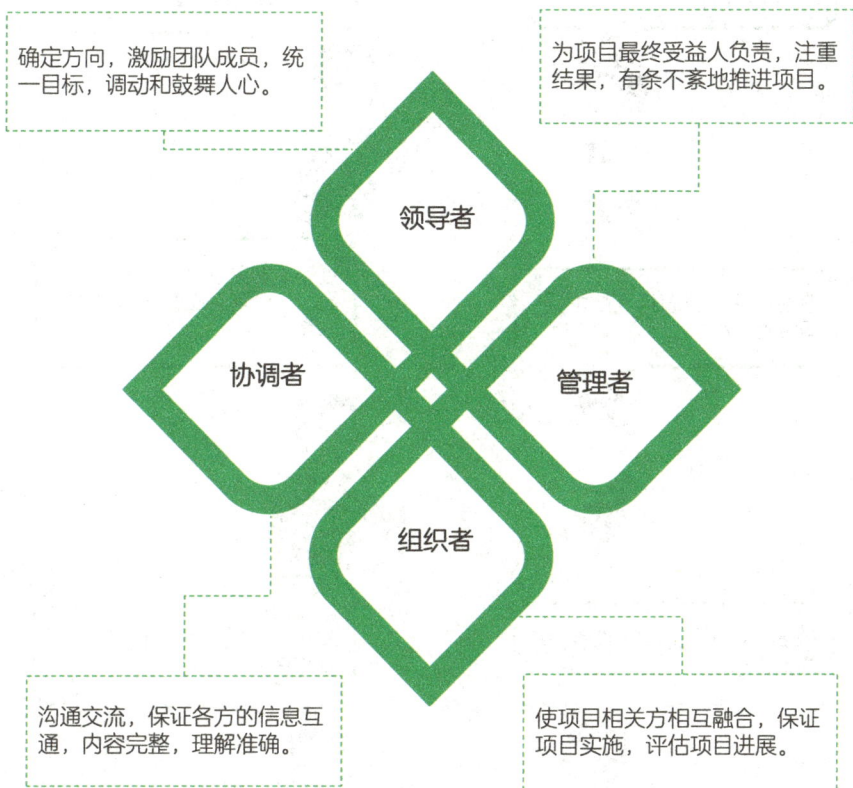

确定方向，激励团队成员，统一目标，调动和鼓舞人心。

为项目最终受益人负责，注重结果，有条不紊地推进项目。

领导者

协调者

管理者

组织者

沟通交流，保证各方的信息互通，内容完整，理解准确。

使项目相关方相互融合，保证项目实施，评估项目进展。

小贴士

项目管理可能会遇到各类问题，包括表面的、深层的、内在的、外在的、技术的、管理的、沟通的、人际方面的问题等。要解决这些问题，需要项目经理具备解决问题的经验，能够准确定义问题，有效分析问题，进而找到解决问题的方法。

1.1.3　不同项目阶段如何管理

问题场景

1 知道了项目成功的要素之后，把这些要素准备好就万事大吉了。

2 这些要素在项目管理的不同阶段有不同的侧重。

3 不同阶段？是说项目进展的不同阶段吗？

4 是的，项目管理可以分成4个阶段，分别对应着不同的管理重点。

5 最重要的应该是项目管理的实施阶段吧？

6 不能这么讲，实施阶段的工作量最大，但另外3个阶段也同样重要。

问题拆解

项目发展可以分成不同阶段，不同的项目管理阶段有不同的特点。要保证项目最终成功，需要对项目发展的各个阶段实施管控。项目管理的不同阶段同等重要，只有保证每个阶段都成功，才能让项目最终成功。

方法与工具

工具介绍

项目发展的 4 个阶段

项目发展可以分成 4 个阶段，分别是概念阶段、开发阶段、实施阶段和结束阶段。这 4 个阶段分别有不同的工作侧重点。

概念阶段是项目开始前提出概念的阶段，这个阶段的工作重点是沟通交流和明确目标。

开发阶段是项目前期开发的阶段，这个阶段的工作重点是根据目标制订计划，并进行事前的协商交流。

实施阶段是正式开始实施项目的时期，这个阶段的工作重点是持续沟通协调各方关系，保证项目顺利进行。

结束阶段是项目从实施完成、收尾，到最后评估和关闭的阶段。

项目发展的 4 个阶段

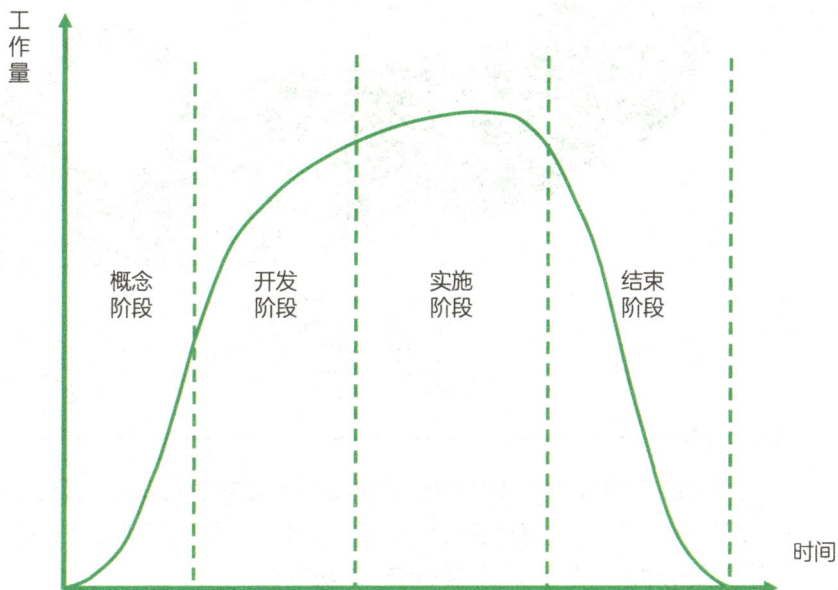

应用解析

项目发展 4 个阶段的关键成功要素

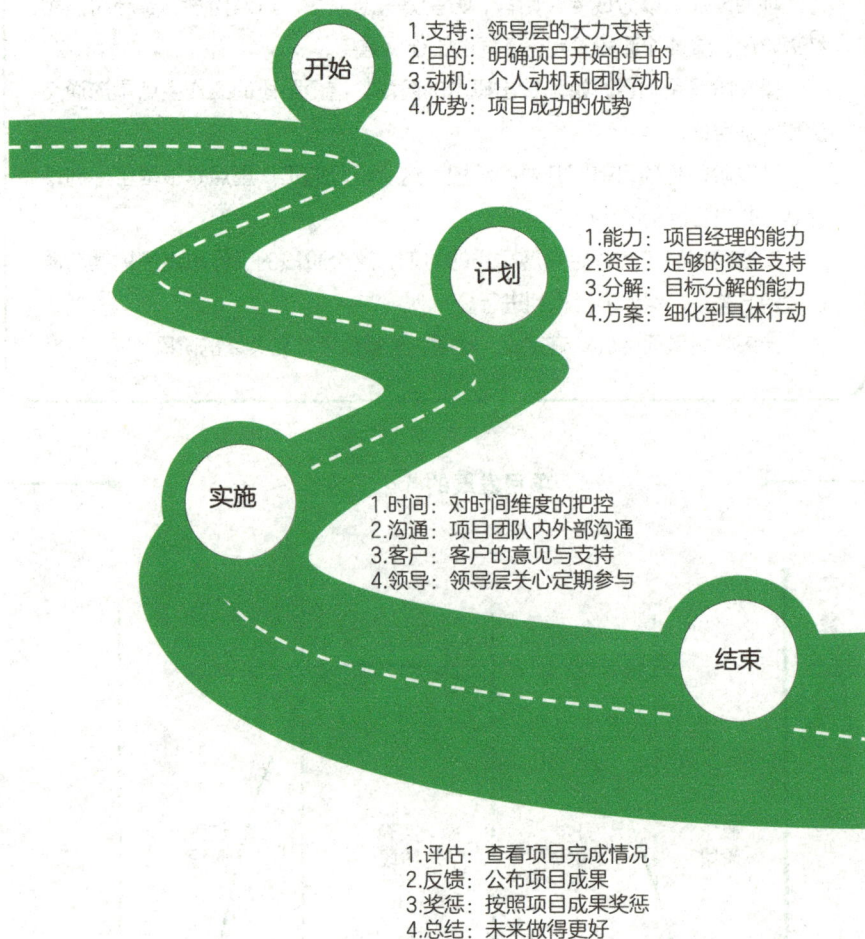

开始
1.支持：领导层的大力支持
2.目的：明确项目开始的目的
3.动机：个人动机和团队动机
4.优势：项目成功的优势

计划
1.能力：项目经理的能力
2.资金：足够的资金支持
3.分解：目标分解的能力
4.方案：细化到具体行动

实施
1.时间：对时间维度的把控
2.沟通：项目团队内外部沟通
3.客户：客户的意见与支持
4.领导：领导层关心定期参与

结束
1.评估：查看项目完成情况
2.反馈：公布项目成果
3.奖惩：按照项目成果奖惩
4.总结：未来做得更好

小贴士

项目发展 4 个阶段的关键成功要素同时也分别是制约项目成功的因素。不论项目发展 4 个阶段的哪个阶段出了问题，都将可能导致整个项目以失败告终。项目经理要保证每个阶段都具备这些成功要素。

1.2　项目团队打造

项目经理是项目团队的核心，项目成员是项目团队的组成部分，稳定高效的项目团队是项目成功的保障。要打造高效的项目团队，需要项目经理具备一定的技能，也需要项目团队成员具备一定的素质。

1.2.1 如何设置项目组织机构

问题场景

1 我们项目开展中出现的问题和项目团队有很大关系，快告诉我怎么打造项目团队，怎么让项目经理带好团队。

2 别着急，我们可以先从组织机构层面来解决问题。咱们现在的组织机构是什么样的呢？

3 组织机构？我们现在就是普通公司的那种组织机构啊，平时分成不同的部门，有项目时大家再一起做项目。

4 那听起来应该是偏向职能型的组织机构，在以项目制运营为主的公司中，职能型的组织机构并不合适。

5 那应该采取什么样的组织机构呢？

6 可以试试往项目型的组织机构转换。

问题拆解

　　组织机构代表着人的组织方式，组织机构对项目管理成败起着至关重要的作用。当团队在项目管理中出现问题时，首先要从组织机构层面找原因。如果组织机构有问题，应当先将组织机构调整至符合项目要求。

方法与工具

工具介绍

项目的组织机构

组织机构模式影响着组织效率，不同的组织机构模式，决定了项目团队运行效率的高低。常见项目相关的组织机构模式有 3 种，这 3 种组织机构模式是逐渐发展演化而来的。最先出现的是传统职能型组织机构，后来发现这种组织机构模式在项目管理中存在一定弊端，于是出现了矩阵型组织机构。再后来，为了项目管理顺利实施，又出现了项目型组织机构。

常见项目相关的 3 种组织机构

类型	职能型组织机构	矩阵型组织机构	项目型组织机构
项目经理权限	低	中	高
项目经理可调动资源	少	中	多
项目经理角色投入时间	少	中	多
优点	1.项目成员在部门内有归属感 2.项目成员只有一个部门领导 3.职能结构简单，分工明确	1.有效运用组织资源，充分运用人力、物力 2.让组织中的横向联络与纵向联络相结合 3.提高组织形式的机动灵活性，有助于项目开展	1.项目经理权限较大，能调动资源 2.单一管理者，沟通顺畅，决策快 3.对完成项目来说效率更高
缺点	1.项目经理的权限小 2.项目权责利难划分 3.跨部门项目难沟通	1.双重领导可能让项目成员无所适从 2.可能出现重复汇报，增加管理成本 3.项目经理可能权利小，责任大	1.项目结束后，项目成员无归属 2.有时候没有达到资源充分利用 3.决策时可能只考虑项目导向

应用解析

常见项目相关的 3 种组织机构

职能型组织机构

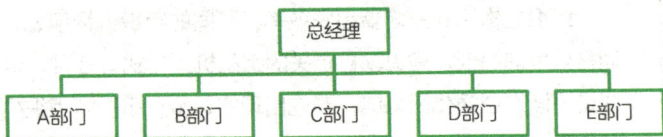

```
                         总经理
     ┌──────────┬──────────┬──────────┬──────────┐
   A部门       B部门       C部门       D部门       E部门
```

矩阵型组织机构

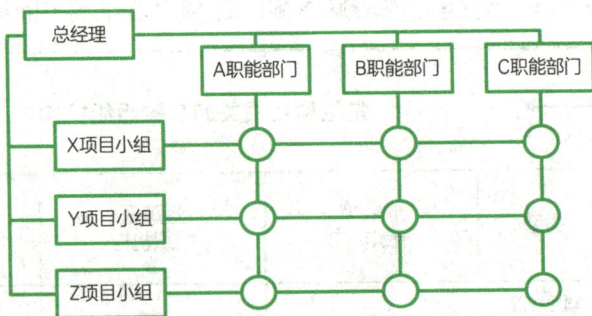

```
   总经理
   ┌──────────── A职能部门    B职能部门    C职能部门
   │
  X项目小组 ──────○──────────○──────────○
   │
  Y项目小组 ──────○──────────○──────────○
   │
  Z项目小组 ──────○──────────○──────────○
```

项目型组织机构

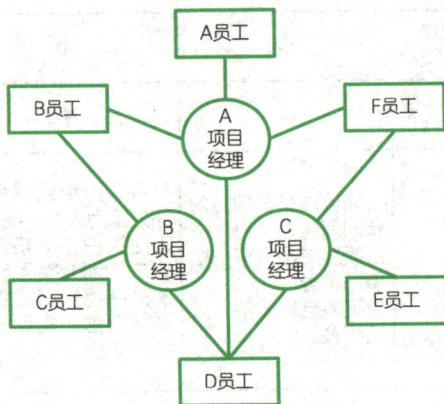

```
                A员工
   B员工        A          F员工
              项目
              经理
        B              C
       项目            项目
       经理            经理
   C员工                        E员工
                D员工
```

小贴士

　　没有完美的组织机构，只有适合的组织机构，每种组织机构都有其优缺点。当项目很少时，更适合用职能型组织机构；当公司以项目为主导时，更适合采用项目型组织机构；当项目数量适中时，更适合用矩阵型组织机构。

1.2.2 如何组建高效项目团队

问题场景

1 影响项目的成败，项目经理应该起主要作用吧？

2 确实，不过除了项目经理的个人能力外，项目团队整体的战斗力也非常重要。

3 嗯，要保证项目成功，还是需要打造一支高质量的项目团队。

4 没错，项目经理要学着打造高效能项目团队。

5 那看来选拔项目成员也非常有讲究。

6 是的，项目成员的组合与工作方式，决定了项目的成败。

问题拆解

　　项目是通过项目团队完成的，项目团队的质量决定了项目的质量。项目经理组建项目团队时，要做好成员的选拔，选择专业上能互补、价值观趋同的团队成员。项目团队形成后，项目经理也要刻意打造团队的凝聚力和执行力。

方法与工具

高效项目团队的 4 点表现

团队不是单打独斗，团队中每个成员的业务能力强不代表团队的效率高。项目经理要学会打造高效的项目团队。如何评价一个项目团队是否高效？高效的项目团队具备 4 个通用表现，分别是有明确的目标，成员间可以相互理解，成员彼此相互信任，团队具备一定的凝聚力。

高效项目团队的 4 点表现

有明确的存在目的，有清晰明确的目标。团队成员明确知道团队在项目中要发挥的价值，明确知道自己在团队中要创造的价值。

团队内部能实现信息互通和相互理解。团队成员之间可以相互依靠，相信相互理解和信息通畅更有助于实现团队的目标。

目标

理解

信任

凝聚

团队成员彼此间相互信任，愿意相互支持。团队成员意见不一致时，在价值观上能够求同存异，能认识矛盾所在，快速解决分歧。

团队有凝聚力，有执行力，有做事的动力。团队成员具有比较强烈的聚在一起完成项目的愿望。项目成员能够通过项目获得利益。

应用解析

高效项目团队发展的 4 个阶段

在项目团队的形成阶段，团队成员间彼此不熟悉，还处在磨合期。项目经理在这个时候要帮助团队成员彼此熟悉，建立工作框架，明确工作方向。

形成阶段

融合阶段

在项目团队的融合阶段，团队成员间开始出现意见分歧，产生冲突，有人开始不适应。项目经理要统一思想，统一标准，化解矛盾和冲突。

在项目团队的稳固阶段，团队成员已经初步形成默契。不同团队成员之间脾气秉性已相互了解，项目经理要促成团队成员的进一步磨合，增强团队感。

稳固阶段

推进阶段

在项目团队的推进阶段，团队成员间已经比较熟悉，可以顺利推进项目。项目经理要分清楚团队的权责利，保证团队成员各司其职，各自执行。

小贴士

因个体素质存在差异，不是每个人都能够被引导。有些项目成员也许业务能力很强，但不具备团队协作能力，在团队中无法起到正面积极的作用，在多次沟通引导无果后，可以考虑这样的项目成员从团队中剔除。

1.2.3　项目管理包括哪些层级

问题场景

1 我们团队一遇到大项目或复杂的多个关联项目就容易出问题。

2 大项目或复杂项目可以分层级管理，确立主要负责人和分项目经理。

3 那要怎么办呢？

4 首先将项目分类，复杂的多个项目可以按项目集或项目组进行分类管理，分别设立负责人。

5 接下来怎么办呢？

6 接下来划分组织机构和权责利关系，分成高层、中层、基层，分别管理项目从宏观到微观的各个环节。

问题拆解

　　项目有大有小，有复杂有简单，可以是独立的项目，也可以是多个项目的组合。比较复杂的多个关联项目可以归类为项目集或项目组来集中管理。比较大的项目应划分项目管理的层级，明确各层级的工作重点和权责利关系。

方法与工具

工具介绍

项目管理的 3 大层级

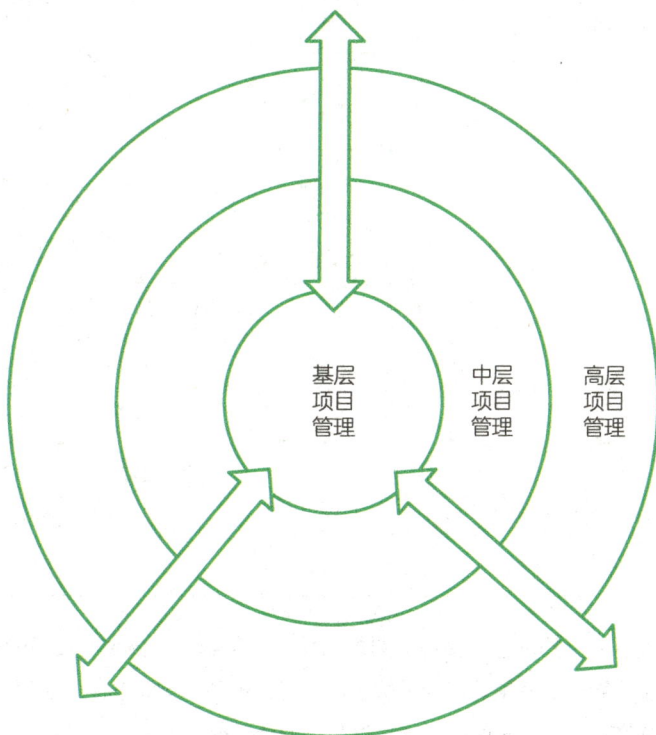

根据项目团队大小，项目管理中可以分成高层项目管理、中层项目管理和基层项目管理 3 类，对应的管理人员是高层项目经理、中层项目经理和基层项目经理。

高层项目经理的主要职责更偏重对外部事务的管理。

中层项目经理的主要职责更偏重承上启下，解决内外部矛盾。

基层项目经理的主要职责更偏重对内部事务的管理。

项目管理的 3 大层级

基层
项目
管理　　中层
项目
管理　　高层
项目
管理

应用解析

2 种项目管理的示意图

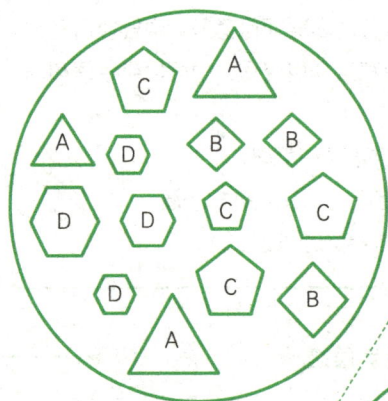

项目集管理

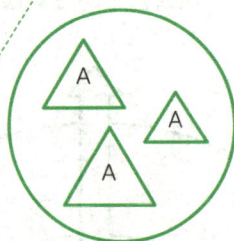 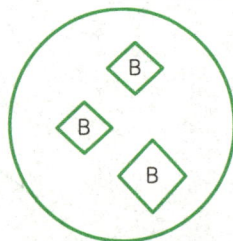

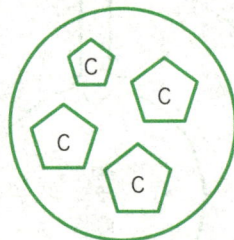 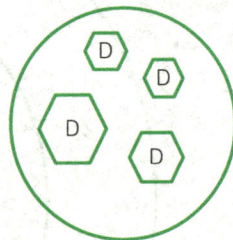

项目组管理

小贴士

　　宏观意义上的项目管理包括对项目集、项目组和具体每个项目的管理。对项目集的管理更注重项目的顶层设计、整体规划和宏观把控。对项目组的管理更注重项目的优先顺序、资金设置和资源分配。

1.3 项目成败判断

项目成功与否，失败与否，不能只靠拍脑袋判断。在项目开始前，应先定义出项目成功或失败的标准。成功的项目有成功项目的特点，失败的项目也有失败项目的特点，根据这些特点提前做预警或准备，有助于促成项目成功，避免项目失败。

1.3.1　如何评判项目是否成功

🔒 问题场景

1　今年公司有不少项目最后都不成功。

2　你如何定义项目是否成功呢？

3　成功就是成功，要什么定义？

4　成功要有定义，如果没有定义，不成了拍脑袋评价吗？

5　那我应该怎么定义项目的成功呢？

6　这要看原本的项目目标是什么，是否达成？以及项目到底满足了哪方面需求？

问题拆解

　　说项目成功与否，首先要有定义，定义出当什么情况发生时，代表项目成功；什么情况发生时，代表项目失败。有了定义，才能在项目结束后准确判断项目是否成功。如果没有定义，最终的判断就是拍脑袋。

方法与工具

工具介绍

项目成功的定义

　　每个项目都有预期，所谓项目成功，指的是项目最终能够达到预期。这里的预期通常包括两个部分：一部分是客观目标，另一部分是主观满意度，其中，主观满意度又包括内部满意度和外部满意度。

　　一般来说，当项目最终输出物是某种产品，评判项目是否成功的标准，应当尽量采取客观目标，减少主观满意度；当项目最终输出物是某种服务，评判项目是否成功的标准可以以主观满意度为主。

项目成功的 3 个标准

项目能否在特定时间、特定资源耗损下，达到特定的质量目标。

项目能否获得项目需求方或项目输出物对应用户的最终认可。

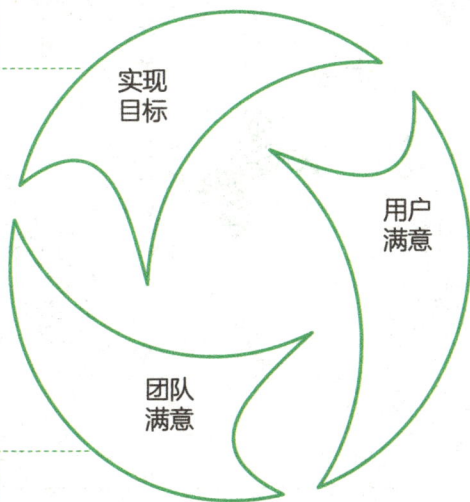

实现目标

用户满意

团队满意

项目团队成员或公司内部对项目实施情况是否满意。

应用解析

导致项目失败的4大要素

人是项目成败的重要因素。例如项目经理的能力弱、项目成员的执行力差、授权出现问题，以及相关领导对项目不重视等，都可能导致项目失败。

项目团队内部成员和与项目相关的外部成员间可能存在文化差异，进而可能会产生碰撞，发生摩擦，出现不可调和的矛盾。

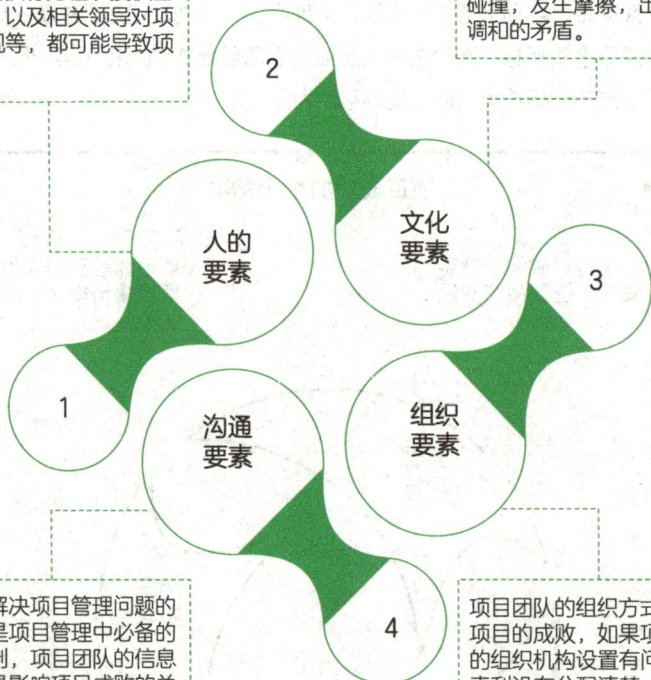

2

人的
要素

文化
要素

3

1

沟通
要素

组织
要素

4

沟通是解决项目管理问题的关键，是项目管理中必备的过程控制，项目团队的信息互通也是影响项目成败的关键要素。

项目团队的组织方式决定了项目的成败，如果项目团队的组织机构设置有问题，权责利没有分配清楚，则必将以失败告终。

小贴士

　　成功的项目千篇一律，失败的项目各有各的失败原因。通常情况下，成功的项目都遵循项目管理的基本逻辑，而失败的项目通常是在项目管理的某个环节出了问题。明确项目最容易出问题的环节，就可以提前预防。

1.3.2　项目成功需要哪些要件

问题场景

1 最近的项目不是这里出问题，就是那里出问题！

2 具体有哪些表现呢？

3 要么是到了规定时间，没达到项目要求；要么是达到项目要求后，费用超了。

4 有要求是对的，但再好的项目管理都不可能面面俱到，还是要有所侧重。

5 那我该怎么办呢？

6 不如规定好项目成功的几个核心条件，只要达到这几个核心要件，就代表项目成功。

问题拆解

　　所谓的项目成功首先要给出定义，每个项目成功的定义是不同的。在定义项目成功的条件时，要注意贴近现实。虽然人们希望项目能又快、又好、花费又少，但这在现实中往往很难做到，通常只能在各项成功条件中择其一。

方法与工具

工具介绍

项目管理的 3 个关键

要保证项目成功，项目经理主要应管理好项目的 3 个关键点，分别是时间、质量和资源。

时间指的是项目的开始时间、结束时间和关键节点时间等一切与时间有关的概念。

质量指的是项目的阶段性成果、达到标准、验收要求等一切与质量结果有关的概念。

资源指的是项目需要用到的费用、支持、人力等一切与资源有关的概念。

项目管理的 3 个关键

项目要有时间概念，要明确在特定时间下，达成什么样的标准，要有时间和计划表。

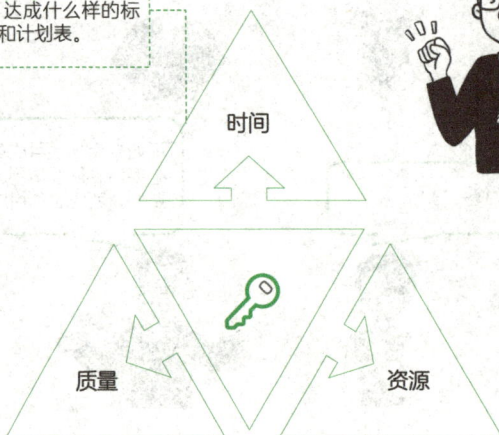

时间

质量

资源

项目要有质量的概念，要明确项目的目标、需求、标准等要达到哪些质量要求。

项目要有资源的概念，要明确设置多少预算、用多少资金、用多少人力等。

应用解析

项目管理成功的 5 大要件

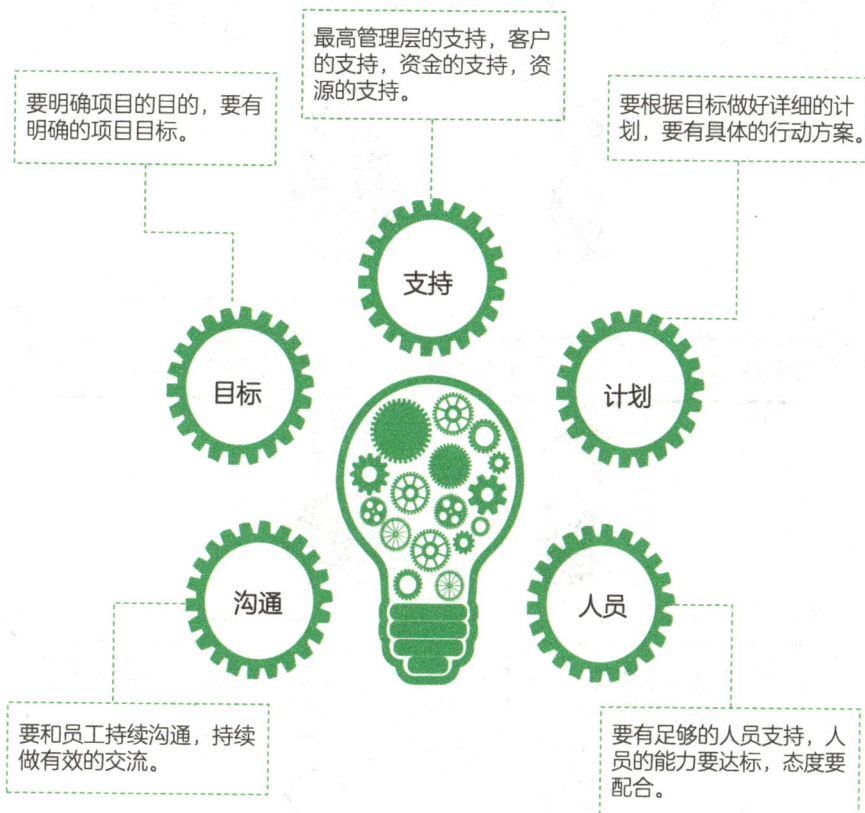

最高管理层的支持，客户的支持，资金的支持，资源的支持。

要明确项目的目的，要有明确的项目目标。

要根据目标做好详细的计划，要有具体的行动方案。

支持

目标

计划

沟通

人员

要和员工持续沟通，持续做有效的交流。

要有足够的人员支持，人员的能力要达标，态度要配合。

小贴士

　　成功的反面是失败，项目管理成功的 5 大要件同时也是制约项目成功的 5 大要件。当出现没有领导层的支持、存在不切实际的目标、没做好计划、人员能力不足、过程中缺乏有效交流等情况时，项目将很难成功。

1.3.3 失败项目具备哪些特点

问题场景

1. 知道怎么让项目成功太重要了，这样项目经理就能避免项目失败了。

2. 其实知道都有什么可能会导致项目失败同样重要。

3. 此话怎讲？

4. 成功的项目有规律可循，失败的项目也有规律可循。

5. 所以我们也可以从失败的项目中吸取经验，是吧？

6. 没错，所以别只研究项目管理怎么做能更成功，也要研究怎么做才能避免失败。

问题拆解

　　成功的项目有成功的特征，失败的项目也有失败的特征。对很多项目来说，只要不失败，就代表着成功。要做到项目成功，除了用好有助项目成功的方法外，还要注意规避项目失败的可能性。

方法与工具

工具介绍

失败项目的 4 种典型表征

失败的项目往往具备一些典型的表征，常常在决策方面、预期方面、沟通方面和团队建设方面出现问题，具体表现为 4 种状态：拍脑袋决策、拍胸脯保证、拍桌子沟通和拍屁股走人。

失败项目的 4 种典型表征

拍脑袋决策
失败的项目中存在很多拍脑袋式的决策，决策过程不是运用数据，不是依靠科学的方法，而是凭感觉。

拍胸脯保证
保证完成任务按理说是件好事，但失败的项目中往往存在过分乐观、高估项目进展和完成度的情况。

拍桌子沟通
沟通对项目成败的影响极大，失败的项目中的沟通往往也是失败的，有时候甚至在沟通中发生冲突。

拍屁股走人
项目团队凝聚力差、执行力差、稳定性差，都是造成项目失败的直接原因。失败的项目，团队往往是松散的，可能随时面临人员更替，也可能貌合神离。

应用解析

项目问题反思备忘录

记录该项目出现的问题，这些问题可能引发负面影响，造成项目失败。

记录项目的负面影响，因为那可能导致项目失败。

解决方案既是对当前项目的反思，也是对未来实施项目的预警。

项目名称	项目背景	出现问题	造成影响	解决方案
A项目	某产品研发	工作任务出现遗漏	项目延期10天	运用头脑风暴进行WBS
B项目	某管理咨询项目	咨询顾问因沟通出现问题中途离职	项目延期7天且未达到预期	提前安排和引导咨询顾问与项目相关人员沟通
C项目	某系统上线	项目中发生未知风险	项目未达到预期	提前评估项目风险，实施项目风险管理
D项目	某工艺改进	实际工作量远大于预期工作量	项目延期30天	做WBS时引入外部专家

小贴士

项目问题反思备忘录是记录当前项目管理出现的问题，为避免未来项目管理中出现类似问题而设置的工具表。上表中的内容只是该工具表的应用演示，实际应用时，表中记录的内容应更详尽。

02

项目流程管理 ———

💎 本章背景

1 看来项目管理实施不好，关键是我们不知道如何打造项目团队。只要把团队打造好，项目就能拿到好结果了。

2 团队打造只是项目管理的一方面，另一方面还需要项目经理具备项目流程管理能力。

3 项目流程有什么难管的？项目经理顺着项目推进，完成项目不就是一件水到渠成的事吗？

4 结果源自过程，管好了过程，才会有好的结果。

NO!

5 项目管理过程大同小异，但有时候出的问题却各式各样。

6 所以这就需要项目经理具备流程管理知识，管好流程，等于管好结果。

背景介绍

　　过程决定结果，项目流程的管理质量决定了项目结果能否达到预期。项目经理除了要具备打造团队的能力外，还要具备管控项目流程的能力，要抓住项目各流程的关键要务，保证项目流程各环节能有效实施。

2.1　项目流程开始

在项目正式开始前，项目经理首先要梳理清楚整个项目的实施流程，把控住项目流程的重点。明确项目流程后，项目经理要针对项目制订项目章程，并根据项目具体情况设计项目计划。

2.1.1 如何管理项目流程

问题场景

1 怎么管好项目流程呢？

2 首先要看到一个项目都包含哪些流程，定义好这些环节。

3 项目流程都包括哪些环节呢？

4 通用的项目流程大体可以分成4个环节，分别是启动、计划、监控实施和收尾评价。

5 这些环节分别应该怎么管呢？

6 每个环节的侧重点不同，可以根据各环节流程的特点实施管控。

问题拆解

　　项目流程管理的基本逻辑，是先定义出每个项目流程包含的环节，根据这些流程环节的特点与侧重点实施流程管理。每个具体项目都基本遵循通用的项目流程环节，但也会根据项目特点有所侧重。

方法与工具

工具介绍

项目管理流程

通用的项目管理流程可以分成 4 步，分别是启动项目，制订计划，执行监控和收尾评价。这 4 步的核心逻辑是 PDCA 管理循环。

PDCA 管理循环是全面质量管理的思想基础，分别是 plan（计划）、do（执行）、check（检查）、action（改进）。这个工具是一个循环往复的方法，就像一个旋转的车轮，可以运用到各个领域，坚持使用能持续提高质量管理。

项目管理流程的 PDCA 法则

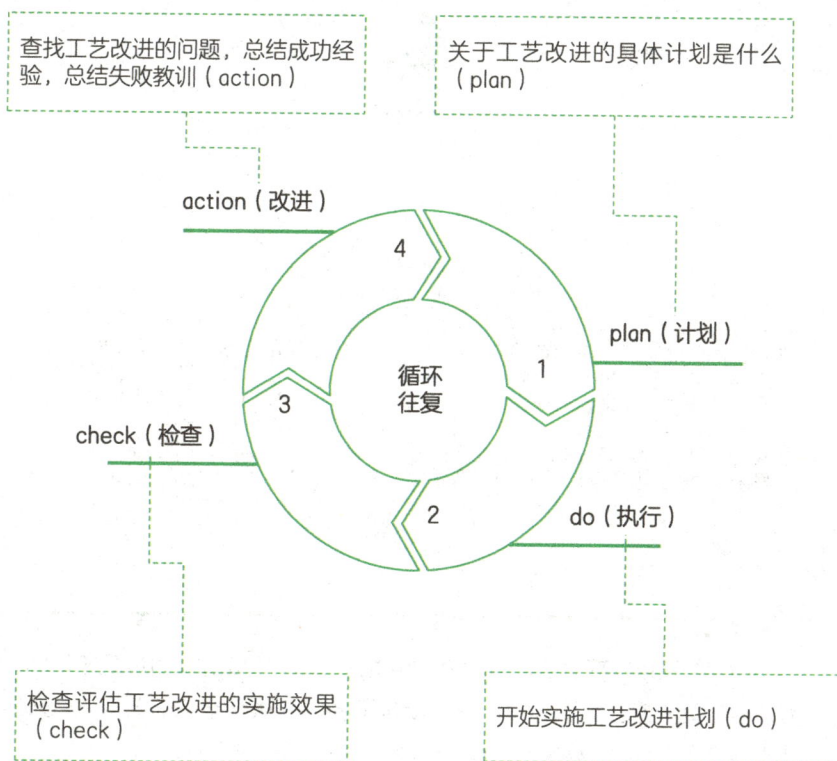

查找工艺改进的问题，总结成功经验，总结失败教训（action）

关于工艺改进的具体计划是什么（plan）

action（改进）

4

plan（计划）

1

循环往复

3

check（检查）

2

do（执行）

检查评估工艺改进的实施效果（check）

开始实施工艺改进计划（do）

项目管理 4 大流程

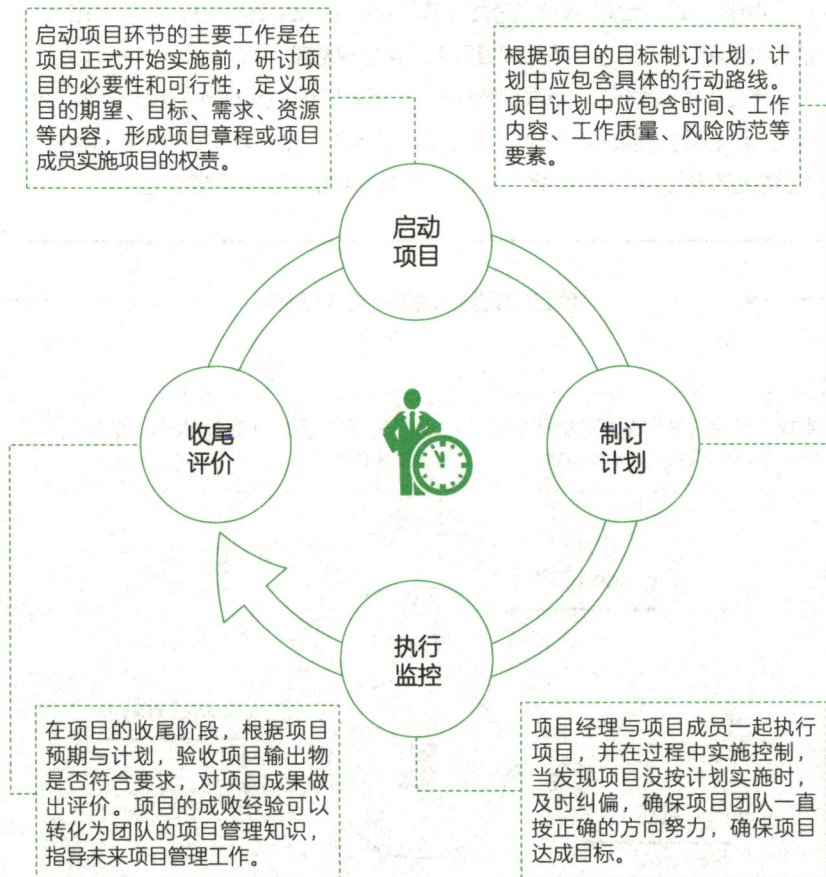

启动项目环节的主要工作是在项目正式开始实施前，研讨项目的必要性和可行性，定义项目的期望、目标、需求、资源等内容，形成项目章程或项目成员实施项目的权责。

根据项目的目标制订计划，计划中应包含具体的行动路线。项目计划中应包含时间、工作内容、工作质量、风险防范等要素。

启动项目

制订计划

收尾评价

执行监控

在项目的收尾阶段，根据项目预期与计划，验收项目输出物是否符合要求，对项目成果做出评价。项目的成败经验可以转化为团队的项目管理知识，指导未来项目管理工作。

项目经理与项目成员一起执行项目，并在过程中实施控制，当发现项目没按计划实施时，及时纠偏，确保项目团队一直按正确的方向努力，确保项目达成目标。

小贴士

不同的项目在项目管理 4 大流程中的工作重心和工作量可能是不同的。有的项目更注重启动和计划环节，有的项目更注重执行监控环节。项目经理应根据实际项目的具体情况，有计划地划分项目流程侧重点。

2.1.2 如何制定项目章程

问题场景

1 我们很多项目开始得过快，结果做到一半才发现存在不少问题，有的做不下去，有的做到最后达不到预期效果。

2 下次在正式开展项目前，先制定一份项目章程。

3 项目章程？做什么用的？

4 就是对项目实施来龙去脉整体把控的文件，包括为什么做这个项目，这个项目能带来什么，做这个项目需要什么。

5 我们之前正是还没想清楚这些之前就盲目开展项目了，怎么制定项目章程呢？

6 可以参考专家意见，可以通过小组讨论或头脑风暴来定。

问题拆解

　　项目章程是项目开始前的正式文件，如果一个项目没有章程，很可能是因为没有事先规划和想好项目的整体框架。这时候如果盲目开始实施项目，很可能导致项目实施不下去，或项目实施后偏离原本的核心目的。

方法与工具

工具介绍

项目章程

　　项目章程是开展项目前必须具备的正式文件，它通常是由项目发起人牵头准备的。项目章程的主要作用是明确项目的交付物，明确项目的参与者和各方职责，明确项目实施需要的资源，以及明确项目的时间进度。

项目章程的 6 大核心内容

包括项目的核心目的，最终目标或阶段性目标。目标决定了项目的交付物，同样也是评判项目最终是否成功的关键。

包括项目需要的财务资源、人力资源，有的项目成功还需要一些外部资源，可能需要相关方支持。项目开始前，要把项目需要的所有资源罗列清楚。

项目经理和团队成员有不同的分工，有各自的权限、责任和利益。事先将权责利划分清楚，才不会在项目开始后出现权责利分配不清导致的低效问题。

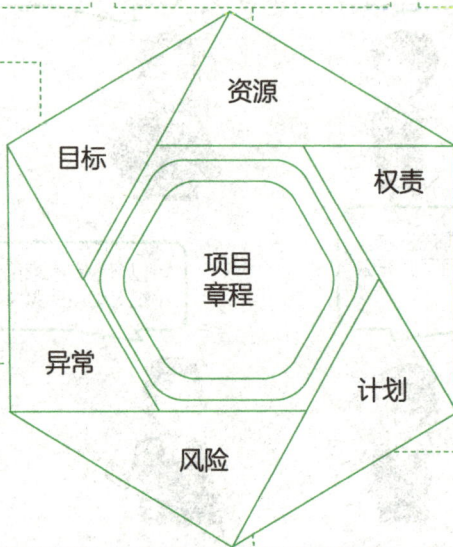

资源

目标

权责

项目章程

异常

计划

风险

项目运行过程中难免出现各类异常状况，有可能导致项目延期、修改或取消。项目开始前要提前定义哪些属于异常状况，以及这些状况出现时如何应对。

风险无处不在，一切项目都存在风险。在项目开始前，要评估项目可能出现的风险，以及这些风险可能造成的损失，提前做好风险预案。

提前制订完成目标的行动计划。计划中要包含不同截止日前应完成的项目进度，以及关键事项的描述和定义。

应用解析

项目实施前研讨论证的 4 个关键

项目开始前要做充足的分析，分析当前的内外部形式，分析实施项目可能出现的障碍和风险，分析项目成功需要的条件，分析完成项目需要的行动。

项目是基于需求产生的。这里的需求可能是业务层面的需求，可能是业务关联方的需求，可能是功能方面的需求，也可能是非功能方面的需求。

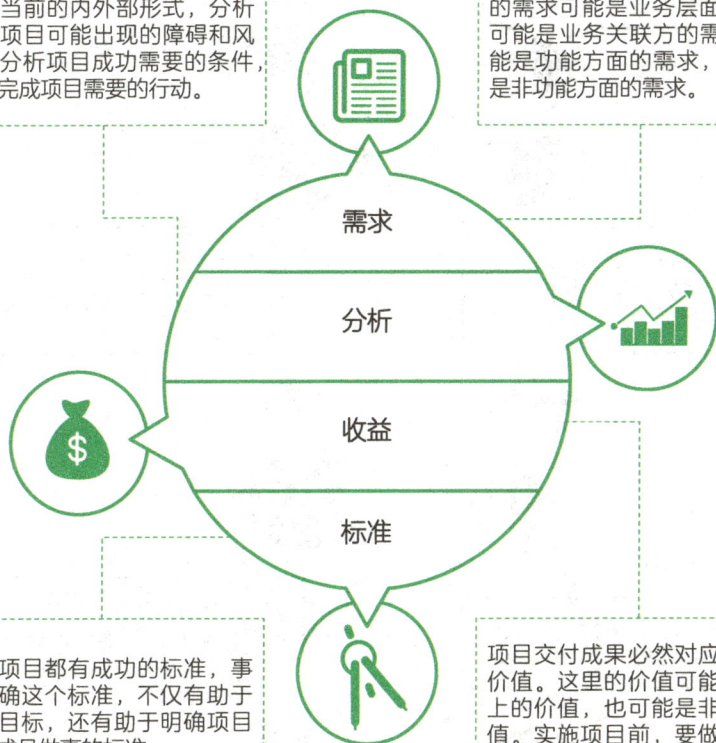

需求

分析

收益

标准

每个项目都有成功的标准，事先明确这个标准，不仅有助于确定目标，还有助于明确项目团队成员做事的标准。

项目交付成果必然对应着某项价值。这里的价值可能是财务上的价值，也可能是非财务价值。实施项目前，要做好项目的成本收益测算。

小贴士

制定项目章程的本质是项目的事前管理。如果没有这部分事前管理，项目经理不知道项目顺利运行需要的资源，不知道影响项目的限制时，很容易出现项目运行到一半卡壳的情况。当项目出问题时，项目经理甚至可能都不知道自己需要做什么来推进项目顺利实施。

2.1.3 如何设计项目计划

问题场景

1. 厘清项目流程，有了过程管控，接下来实施项目应该就没问题了！

2. 别急，在项目正式开始前，还要制订出详细的项目计划。

3. 哦，就是定出项目在什么时间之前必须完成哪些计划是吧？确实需要那个。

4. 那只是项目工作计划的一部分，属于项目进度计划的范畴，真正的项目计划包含的内容更多。

5. 咦？那个还不算计划吗？还包括什么内容呢？

6. 项目计划不仅要定义进度，还要定义项目的质量、资源和风险等，这些都要有相应的计划。

问题拆解

　　凡事预则立，不预则废。为保证项目顺利实施，在项目开始前，项目经理要制订出项目计划。项目计划并不仅指时间进度计划，时间计划只是项目计划的一部分。一份完整的项目计划包含的内容更多、更全面。

方法与工具

工具介绍

项目计划

项目计划是说明项目如何开始、如何执行、如何监控、如何修改和如何结束的文件。常见的项目计划，至少要包含 4 部分内容，分别是进度管理计划，质量管理计划，资源管理计划和风险防控计划。

常见项目计划的 4 种内容

进度管理计划

包括项目范围、工作内容、时间规划、进度安排等相关计划

质量管理计划

包括质量规划、沟通规划、流程规划、活动规划等相关计划

资源管理计划

包括人力资源、财务资源、预算管理、费用管理等相关计划

风险防控计划

包括风险识别、风险分析、风险规划、风险应对等相关计划

应用解析

设计项目计划的 4 种方法

项目经理根据项目情况，自上而下层层分解项目的目标和任务，统筹考虑项目各环节可能遇到的问题，根据自身对项目的理解和预估，独立制订工作计划。

项目经理通过召开头脑风暴会议的形式，强调团队整体参与，集思广益，综合多方的意见或建议，注重各项目成员的看法，共同制订工作计划。

自上而下

头脑风暴

类比估算

专家意见

项目经理根据类似成功项目的运行情况做类比，估算出自身项目的计划情况，可以采取拿来主义的原则，直接套用或适度修改成功项目的各项计划。

项目经理通过邀请经验丰富的外部专家，获得外部成熟的、成功的经验，请外部专家分析与规划，与专家一起制订工作计划。

小贴士

　　制订项目计划的方法没有绝对的好坏之分，项目经理应视自身情况实施。项目经理在制订项目计划时，可以选择其中的一种方法，也可以选择多种方法共同运行。

2.2 项目启动运行

　　每个项目都有预期，有预期，就必然存在与预期相对应的目标。为保证项目顺利启动运行，在项目正式开始前，项目经理要先定义项目的目标，根据目标分解项目工作，确定项目范围，明确项目任务，划分项目权责。如果项目的每项工作都能按时保质保量完成，则项目大概率可以实现预期目标。

2.2.1 如何设定项目目标

🔒 **问题场景**

1 在我们项目团队里面，好像只有项目经理重视目标，项目成员好像都不太重视目标，也不知道该怎么给自己设定目标。

2 这也许是因为大家的目标意识比较淡薄，需要培养项目成员的目标意识。

3 意识这个东西好虚啊，真的可以培养出员工的意识吗？

4 可以的，不过这要看在团队氛围中，目标意识对员工有没有好处。

5 我们项目团队目前的这种状况要从哪里开始着手呢？

6 看起来项目团队成员现在还没有设置目标的习惯，可以先从让项目团队成员养成设计目标的习惯开始。

问题拆解

　　目标意识的本质是一种思维习惯，有助于员工主动自发地追求目标达成。为促成团队的目标管理，管理者要培养员工的目标意识。目标意识不是一朝一夕能够养成的，在利益的驱动下，需要管理者刻意引导员工一段时间后才能形成。

方法与工具

工具介绍

SMARTER 原则

设定目标时，应当遵循 SMARTER 原则，分别是具体的（specific）、可以衡量的（measurable）、可以达到的（attainable）、具备相关性的（relevant）、有明确截止期限的（time-bound）、可执行的（executive）、有结果的（result）。

SMARTER 原则

S

具体的（specific）：目标应当是具体的、可以被明确感知的，不能是抽象的概念或感觉。例如今天某地的室外温度就是具体的，今天让人感觉冷或热就是抽象的感受。

M

可以衡量的（measurable）：目标应当是能够被衡量的，例如好与坏就是无法衡量的。量化的、标准的、事实的往往是可以衡量的。

A

可以达到的（attainable）：目标既要有一定的挑战性，也要有可能达到，脱离现实的目标只是幻想，起不到设定目标的效果。

R

具备相关性的（relevant）：目标要和岗位、目的、战略之间存在相关性，多个目标之间也要存在相关性。

T

有明确截止期限（time-bound）：目标要有明确的时间限制，到某个时间点时，评估目标达成与否。

E

可执行的（executive）：目标要可以通过完成某些任务或做出某些行为得以实现，不能落实到行动的目标是无效的。

R

有结果的（result）：目标要和某种结果相关联，也就是当目标达成或无法达成时分别对应着怎样的结果。

应用解析

SMARTER 原则检验表

原则	序号	对应问题	判断
具体的 （specific）	1	目标是否足够明确？	□是 □否
	2	目标是否足够简单易懂？	□是 □否
可衡量的 （measurable）	3	目标是否具备激励性？	□是 □否
	4	目标达成与否是否能够被衡量？	□是 □否
可以达到的 （attainable）	5	目标是否是现实的？	□是 □否
	6	目标是否与岗位相适应？	□是 □否
与其他目标具有 一定的相关性 （relevant）	7	目标是否有足够的意义和价值？	□是 □否
	8	达成目标需要的资源是否能够被获取？	□是 □否
有时间限制的 （time-bounce）	9	完成目标是否有明确的时间要求？	□是 □否
	10	目标的时间限制是否足够明确？	□是 □否
可执行的 （executive）	11	目标是否可以通过行动达成？	□是 □否
	12	目标是否能够促进岗位采取行动？	□是 □否
有结果的 （result）	13	达成目标之后是否有相应的奖励？	□是 □否
	14	没有达成目标是否有相应的应对措施？	□是 □否

小贴士

目标可评判、可衡量的背后需要有明确的达成条件和事实。例如"今天完成 A 产品市场价格调研报告"，要事先明确达到什么条件才能叫完成，这里的条件可以是字数方面的限制、内容方面的限制或呈现方面的限制。

2.2.2 如何定义目标价值

问题场景

1 看来目标不能想当然地设计。把握好方向，目标设计应该就没问题啦！

2 设计目标还有个关键词不能忽略——价值。

3 意思是要围绕价值设计目标是吧？

4 没错，每个岗位都有自己的价值，设计目标时要围绕价值。

5 说起价值，听起来像个很虚的概念，有点像成功学经常用的词。

6 价值其实可以被实实在在地表达出来。

问题拆解

　　围绕什么设计目标，目标达成后就能实现什么。围绕价值设计目标，目标达成后能实现价值，达到事半功倍的效果。围绕任务来设计目标，目标达成后只能实现任务。至于任务能不能实现价值，要看任务与价值间的关联情况。

方法与工具

工具介绍

价值的 4 个维度

　　很多人觉得价值是个很虚的概念，看不见摸不着，但又不能否认其存在。实际上，价值有虚的一面，也有实的一面。价值能够被量化表达，可以体现在 4 个方面，分别是效益、效率、成本和风险。提高效益、提高效率、降低成本或降低风险，都代表实现了价值。

　　注意，真正的创造价值，是在其他维度不变差的情况下，优化其中某一个维度或某几个维度。如果某维度变好的前提是另外的维度变差，属于等价交换或负价值交换，不能算创造价值。例如，效益提高 10 个单位的代价是效率降低 15 个单位，则不能算创造价值。

价值创造的靶心图

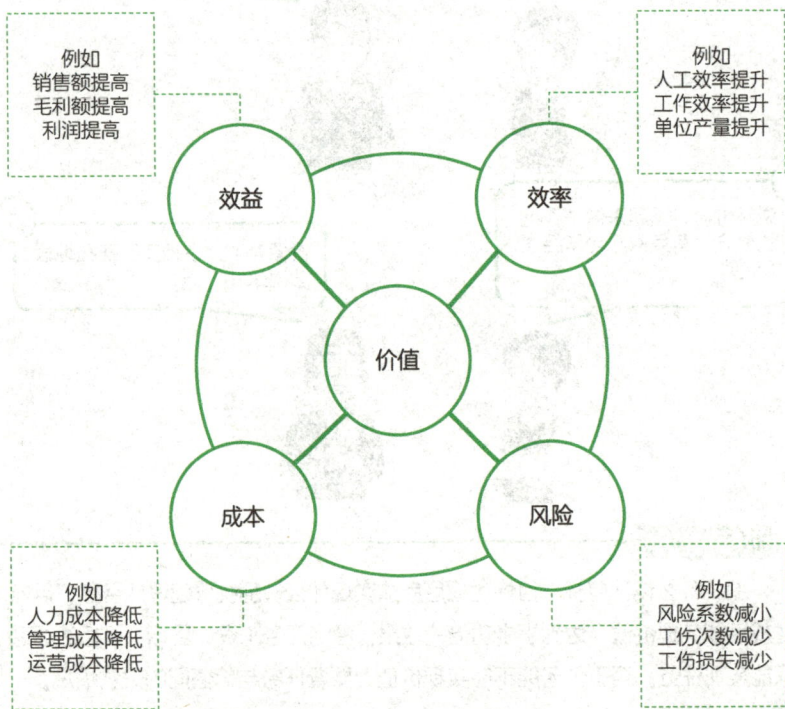

例如
销售额提高
毛利额提高
利润提高

例如
人工效率提升
工作效率提升
单位产量提升

效益　　　　效率

价值

成本　　　　风险

例如
人力成本降低
管理成本降低
运营成本降低

例如
风险系数减小
工伤次数减少
工伤损失减少

应用解析

围绕价值行动的靶心图

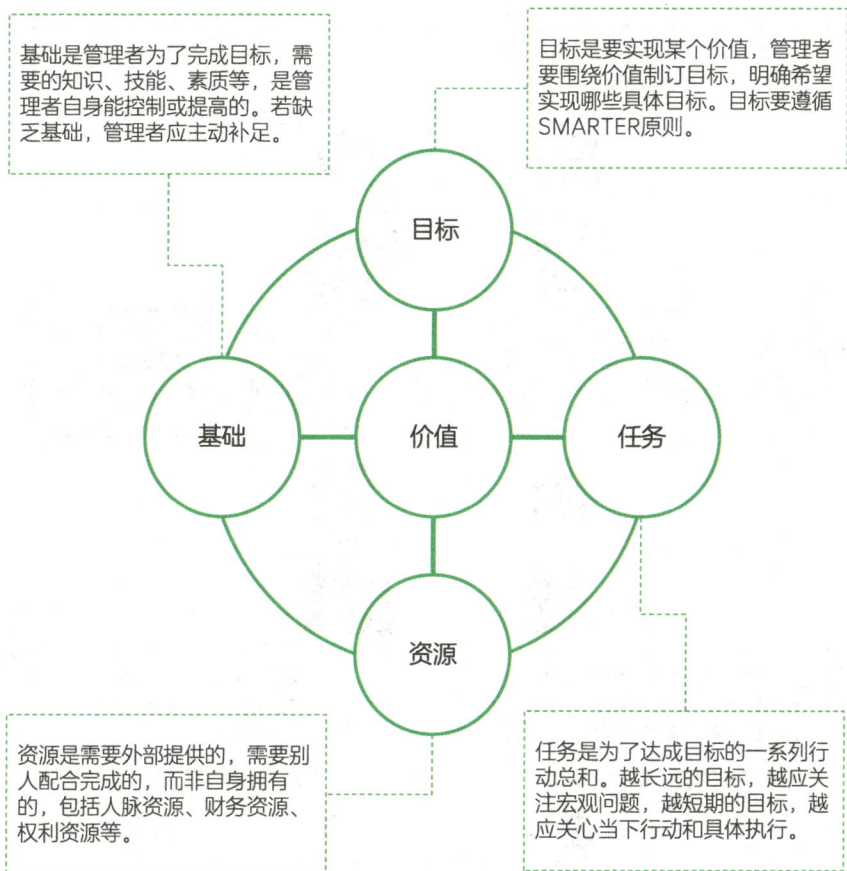

基础是管理者为了完成目标，需要的知识、技能、素质等，是管理者自身能控制或提高的。若缺乏基础，管理者应主动补足。

目标是要实现某个价值，管理者要围绕价值制订目标，明确希望实现哪些具体目标。目标要遵循SMARTER原则。

```
        目标
         │
基础 ── 价值 ── 任务
         │
        资源
```

资源是需要外部提供的，需要别人配合完成的，而非自身拥有的，包括人脉资源、财务资源、权利资源等。

任务是为了达成目标的一系列行动总和。越长远的目标，越应关注宏观问题，越短期的目标，越应关心当下行动和具体执行。

小贴士

围绕价值开展工作，不是一句空话，靠的不仅是"价值思维"，还包括"价值行为"。所谓"价值行为"，就是围绕价值开展的一系列行动，包括围绕价值设定工作目标、安排工作任务，在这个过程中，管理者要考虑资源情况和基础情况。

2.2.3 如何分解项目工作

问题场景

1 我们有时候会出现项目快结束了，却发现一些该做的工作没做的情况。如果不耽误项目进程还好，但多数情况会耽误。

2 这应该与项目开始前没有提前分解好项目任务有很大关系。咱们是如何分解工作任务的？

3 我们之前针对项目预期任务的分解主要采取自上而下的方法，也就是项目经理来分。

4 自上而下的方法确实可以，但对项目经理能力要求较高，为避免漏项，也可以配合使用头脑风暴法。

5 也就是让项目团队成员一起参与进来集思广益是吧？

6 是的，其实不仅是项目成员，也可以找有经验的专家共同参与头脑风暴过程。

问题拆解

项目工作出现漏项，很可能是因为没有做好项目的工作结构分解。如果项目经理经验丰富，能力较强，可以只通过自上而下法实施工作结构分解。如果不是，可以通过头脑风暴法，综合多方意见实施工作结构分解。

方法与工具

工具介绍

工作结构分解（WBS，work breakdown structure）

工作结构分解是为完成项目目标而实施的工作分解方法。通过工作结构分解，可以定义出整个项目的边界，明确工作内容、关键输出和交付物。通过工作结构分解，项目经理可以设置项目的进度，估算项目成本，监控项目实施。

工作结构分解案例

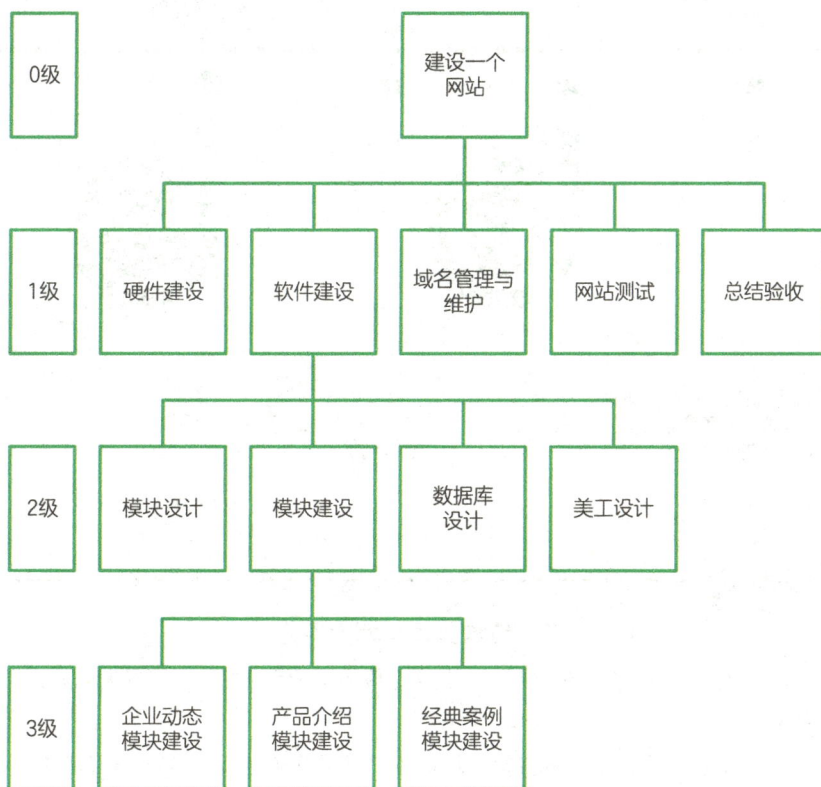

0级			建设一个网站		
1级	硬件建设	软件建设	域名管理与维护	网站测试	总结验收
2级		模块设计	模块建设	数据库设计	美工设计
3级		企业动态模块建设	产品介绍模块建设	经典案例模块建设	

应用解析

工作结构分解的 4 点注意事项

分解后每项工作任务都应有对应的责任人，任务完成与否与责任人的利益直接相关。

工作结构分解的任务应当是能够通过主观努力改善的，应当能够被管理。

责任明确

能被管理

复杂必分

可以衡量

复杂的工作必须分解，通常至少要将复杂的工作细分成2项或以上的任务。

分解后的任务应当能够被衡量，可以是定量的，也可以是客观的。

小贴士

工作结构分解有两大原则

　　1.相互独立：分解的各项工作任务之间应当相互独立，不能是彼此嵌套关系。

　　2.完全穷尽：所有任务都完成后能保证项目全部完成，没有工作任务的遗漏。

2.2.4 如何确定项目范围

问题场景

1 有了WBS，我们就可以根据WBS分解的内容制订时间进度计划了！

2 WBS分解出来的是全部工作，实施项目之前还要定义出项目的实际范围。

3 啊？也就是说，WBS分解出来的工作内容也许并不是项目范围的全部工作？

4 没错，项目资源是有限的，很多时候无法通过项目完成全部工作，只能完成其中的一部分工作。

5 那些经过WBS分解后，无法纳入项目管理范围内的工作内容怎么办呢？

6 这个可以与项目需求方探讨后确认，可以外包，也可以由项目需求方自行解决。

问题拆解

　　因项目资源有限，WBS 分解出来的工作内容并不一定是项目管理的全部范围。WBS 分解完项目工作后，还要定义出项目范围。WBS 分解的是完成项目预期需要的所有工作，但这些工作不一定要全部纳入项目管理范围内。

方法与工具

工具介绍

项目范围管理

项目范围管理是根据项目的资源情况，定义出项目包含的全部工作内容，并管理这些工作内容有效达成的过程。因为项目的资源有限，项目需求可能天马行空，如果没有项目范围管理，可能前期项目需求定义容易出问题，中期项目实施会偏离预期方向，造成后期项目无法按原计划收尾。

项目范围管理流程

项目经理先收集需求，再与项目的需求方或关联方确认项目的具体需求和预期目标，形成初期的需求计划，并形成正式文件。

项目经理根据项目需求，通过WBS工具，分解要达成的项目目标和需要进行的项目工作，初步形成项目工作范围，从而确定实施项目需要的资源。

确认需求 1 2 **分解工作**

控制交付 4 3 **确认范围**

项目经理根据确认后的项目范围，开始实施项目，过程中要做好项目的范围管理，及时纠偏，保证项目实施过程不至于出现资源用在超出项目范围的情况。

项目经理与项目需求方或关联方沟通，根据项目资源，确认项目范围。这一步需要大量沟通，可能需要重新定义项目需求或目标，重新运用WBS工具分解项目工作。

应用解析

常见收集项目需求的 4 种方法

项目经理提前设计出相关问题，将问题做成调查问卷，通过向项目需求方或相关方发放问卷的方式收集需求。

项目经理与项目需求方或相关方进行讨论，通过召开会议，或头脑风暴的形式，群体创新，群体决策，从而收集需求。

项目经理通过观察项目需求方的情况，通过自身的经验判断发现项目需求方的问题，从而确定其核心诉求。

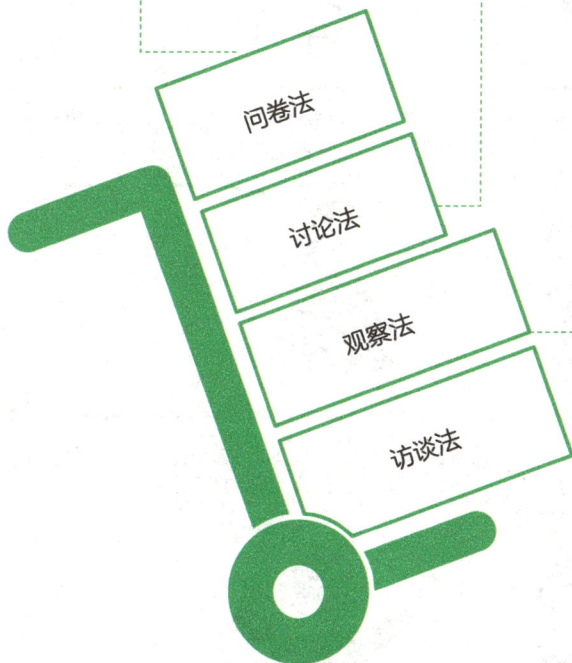

问卷法

讨论法

观察法

访谈法

项目经理通过与项目需求或关联方——访谈的方式，发现和记录问题，通过相互交谈确认项目需求。

小贴士

项目经理收集需求后，应形成项目需求文件。项目需求文件应包括项目的目标、业务流程需求、质量要求、验收标准、项目影响、制约因素、培训需求等。项目需求文件可以是正式的，也可以是非正式的，但无论属于哪种，都应保证内容详尽。

2.2.5 如何明确项目任务

问题场景

1　我们的项目经常被实施得一团糟，很多员工都不知道自己该干什么。

2　这应该是由于没有明确成员的项目任务造成的。

3　在项目开始前，我们的项目经理已经开会交代项目任务了啊。

4　但应该没有明确交代清楚项目任务的内容。

5　那项目经理要怎么交代清楚呢?

6　可以运用5W1H工具，将项目的方方面面交代清楚。

问题拆解

　　项目成员运行项目过程中的混乱往往是由于没有明确项目任务，对项目任务的内容分解不全，造成项目需求不清晰。可能项目成员在接受任务过程中也没提问，造成信息传递过程中部分有效信息流失。

方法与工具

工具介绍

5W1H

　　5W1H 分别指的是 what(什么事 / 什么对象)、why(为什么 / 什么原因)、where (什么场所 / 什么地点)、when (什么时间 / 什么程序)、who (什么人员 / 责任人是谁)、how (什么方式 / 如何做)。在澄清项目任务时，项目经理可以运用 5W1H 工具实施，项目经理也应当鼓励项目成员提出问题。通过项目成员提问，项目经理能进一步厘清思路。

5W1H 在项目管理中的应用

这是一个什么项目？　　为什么要实施这个项目？　　准备从哪里开始这个项目？
项目的范围边界是什么？　实施这个项目有什么目的？　在哪里实施这个项目？

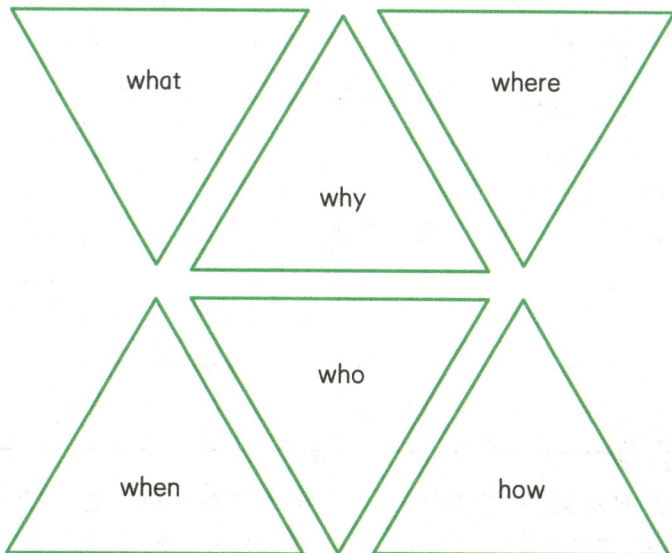

准备什么时间开始这个项目？　由谁来负责这个项目？　　这个项目该怎么做？
这个项目将会持续多久？　　这个项目的参与人都有谁？　如何实施？

应用解析

举例：5W1H 的应用

举例：某公司的研发部门将要开展某产品的研发项目，按照5W1H对该产品进行全面分析，得到内容如下表所示。

5W1H	现状	原因	改善	确认
what 产品	要研发什么产品	为什么要研发该产品	能不能研发别的产品	确认研发什么产品
why 目的	研发该产品有什么目的	为什么是这样的目的	还有没有其他的目的	确认目的是什么
where 场所	从哪里开始入手在哪里实施操作	为什么从那里入手	能不能从别的地方入手做	确认从哪里开始入手
when 时间	什么时候开始做	为什么在那个时间开始做	能不能在别的时间做	确认在什么时间做
who 作业人员	由谁来做	为什么由那个人做	能不能由其他人来做	确认由谁来做
how 方法	具体怎么做	为什么那么做	有没有其他的方法	确认用什么方法做

小贴士

　　5W1H 不仅是一种工具，它还是一种分析方法、思考方法，甚至是一种创造方法。它告诉我们，不论对什么事，都可以从 6 个方面提出问题、进行思考。团队管理者通过持续练习，不断应用这个工具，能够让思考科学化、结构化，从而更高效地解决问题。

2.2.6　如何划分项目权责

问题场景

1 为保证项目顺利实施，我制定了一个责任人制度。项目经理是整个项目的责任人。如果项目出问题，我就找项目经理问责。

2 这个责任人制度运行的效果怎么样？

3 很不好，项目经理被我问责的时候，一肚子委屈，时间一长，没人愿意做项目经理了。

4 看起来是因为项目经理承担所有责任后，责任大，但权利小。项目成员责任小，而且项目经理很难管理项目成员。

5 不是都说任何事都要有责任人吗？为什么我设置了责任人之后，却出现了这种情况？

6 因为你对责任人的设置方式太粗放，只抓结果，没抓过程，只关注个体，没关注全局；而且责、权、利三者之间不对等。

问题拆解

　　每个岗位，都有对应的责任、权限和利益。当这三项达到平衡状态时，是比较完美的状态。如果某岗位的权限和利益太小，但责任太大，将没人愿意从事这个岗位。如果某岗位的权限和利益很大，但责任很小，虽然很多人愿意从事，但对团队来说是一种损失。

方法与工具

责、权、利分配矩阵

矩阵的纵向是根据项目划分的工作任务或工作目标，这些工作任务或目标最终会指向团队、部门或公司更大的目标。根据工作任务和工作目标，划分出责任、权限、收益的分配情况。

矩阵的横向，是相关的部门或具体岗位。

根据责权利分配矩阵中纵向和横向之间的对应关系，划分责、权、利。

责、权、利分配矩阵表示意

项目划分的任务，在整个项目中的贡献度占比。
对项目贡献度越大的任务，在整个项目中的占比越高，能够分配到的责任、权限和收益越高。

项目分配的具体任务。项目能分成几项任务就写几项。列出每个任务不同的责任、权限和收益划分，它们在每个任务中是相互对等的。
这里也可以把任务换成目标。

如果是比较宏观的项目或任务，责、权、利的划分可以对应部门；如果是比较微观的项目或任务，责、权、利的划分应当对应具体的个人。

项目贡献占比	任务	A部门/个人	B部门/个人	C部门/个人	D部门/个人	E部门/个人
	任务1责任划分					
	任务1权限划分					
	任务1收益划分					
	任务2责任划分					
	任务2权限划分					
	任务2收益划分					
	任务3责任划分					
	任务3权限划分					
	任务3收益划分					

责任划分可以按照负责、参与、协助等类别划分；
权限划分可以按照审批、知悉、报备等类别划分；
收益划分根据责、权的划分程度，一般填百分比。

应用解析

责、权、利分配矩阵应用

举例:
某团队共有张三、李四、王五、赵六和徐七5人，日常工作采取项目制。该团队刚接到某项目，要完成项目，可以分成三个任务，分别是任务1、任务2和任务3。这三个任务对整个项目的贡献分别是30%、50%和20%。

该团队根据责、权、利分配矩阵的原理，对整个项目中的责任、权限和收益划分如下表所示。

项目贡献占比	任务	张三	李四	王五	赵六	徐七
30%	任务1 责任划分	负责	参与程度30%	协助程度5%	协助程度5%	协助程度10%
	任务1 权限划分	审批	知悉	知悉	知悉	知悉
	任务1 收益划分	50%	30%	5%	5%	10%
50%	任务2 责任划分	参与程度20%	负责	参与程度20%	协助程度10%	协助程度10%
	任务2 权限划分	知悉	审批	知悉	知悉	知悉
	任务2 收益划分	20%	40%	20%	10%	10%
20%	任务3 责权划分	协助程度5%	协助程度5%	负责	协助程度10%	参与程度20%
	任务3 权限划分	知悉	知悉	审批	知悉	知悉
	任务3 收益划分	5%	5%	60%	10%	20%

常见的追责方式有两种:
一种是团体追责。假如任务1没有完成，张三负主要责任，李四负次要责任，王五、赵六、徐七负连带责任，对任务1的追责完全按照这个任务中不同个体的参与或协助程度。这种问责方式适合团队协作型任务。当任务需要团队共同努力，越难分清楚个体的具体工作，越适合这种追责方式。
另一种是个体追责。假如任务1没有完成，寻找根本原因，是谁的责任，就追谁的责。例如任务1没完成的根本原因是赵六的某项工作没有完成，这时候即使赵六是协助方，仍然对任务1没有完成负全责。这种问责方式适合分工型任务，个体在任务中的工作越明确具体，越适合采取这种追责方式。

小贴士

　　不同任务在项目中的贡献占比、不同个体在任务中的参与或协助程度占比可以在项目开始之前，由团队共同讨论决定。这类讨论也有助于明确项目目标、工作任务和分工协作方式，有助于划分项目的责、权、利。

2.3 项目监控收尾

在项目实施过程中，项目经理要做好监控。当出现特殊状况时，要做好项目变更管理，妥善处理项目变更。在项目收尾阶段，要做好项目收尾管理。对在项目管理过程中积累的知识，要做好知识管理。

2.3.1 如何监控项目执行

问题场景

1 很多项目到了问题无法挽回时，项目经理才发现，结果造成了无法挽回的重大损失。

2 项目经理如果能抓好项目监控，提早发现问题，就不至于出现这种情况。

3 我也发现了，对项目执行过程的监控确实很重要。

4 项目能不能达到预期，对过程的监控远比对结果的管控更重要。

5 怎么让项目经理做好过程监控呢？

6 要让项目经理掌握监控的方法，养成监控的习惯，时刻关注项目中各要素的变化情况。

问题拆解

很少有项目能做到计划与实际完全吻合。在项目运行过程中，实际情况与预期必然存在一些差异。这就需要项目经理时刻监控项目的实施情况，当项目发生变化时，及时做出调整。

方法与工具

工具介绍

项目监控

项目实施后，由于实际情况与预期计划总是存在各种差异，可能导致项目朝不好的方向发展。因此，项目经理要做好项目执行情况的监控。项目监控的重点主要包括6个部分，分别是范围、时间、关系、费用、输出和风险。

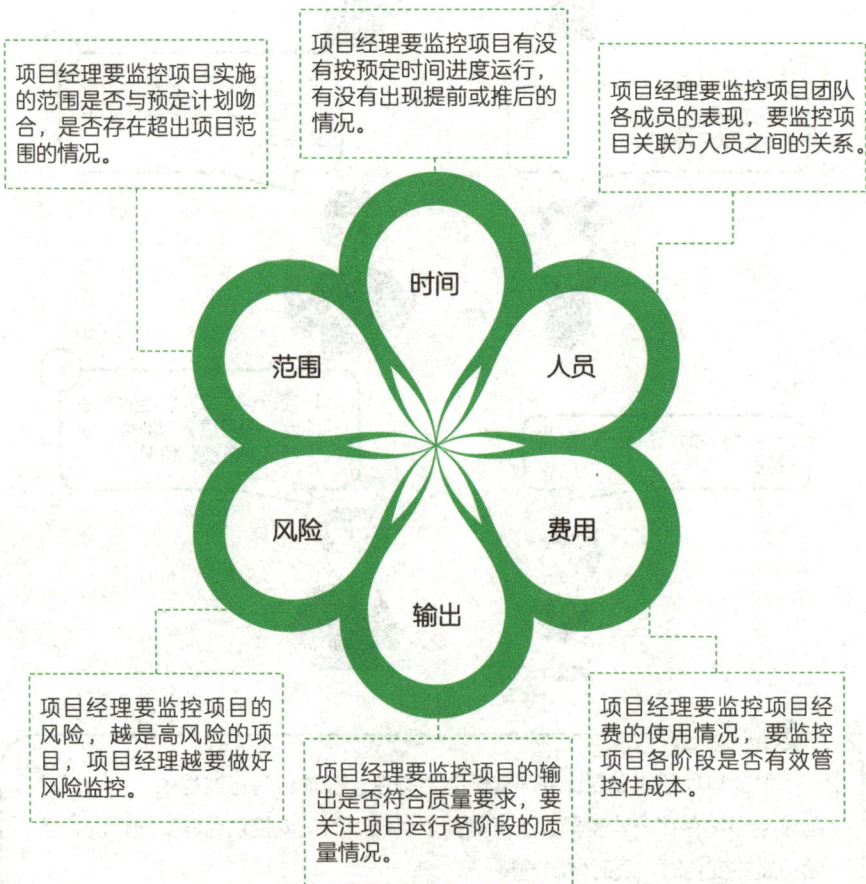

项目经理要监控项目实施的范围是否与预定计划吻合，是否存在超出项目范围的情况。

项目经理要监控项目有没有按预定时间进度运行，有没有出现提前或推后的情况。

项目经理要监控项目团队各成员的表现，要监控项目关联方人员之间的关系。

时间

范围

人员

风险

费用

输出

项目经理要监控项目的风险，越是高风险的项目，项目经理越要做好风险监控。

项目经理要监控项目的输出是否符合质量要求，要关注项目运行各阶段的质量情况。

项目经理要监控项目经费的使用情况，要监控项目各阶段是否有效管控住成本。

应用解析

监控问题的 4 种应对思路

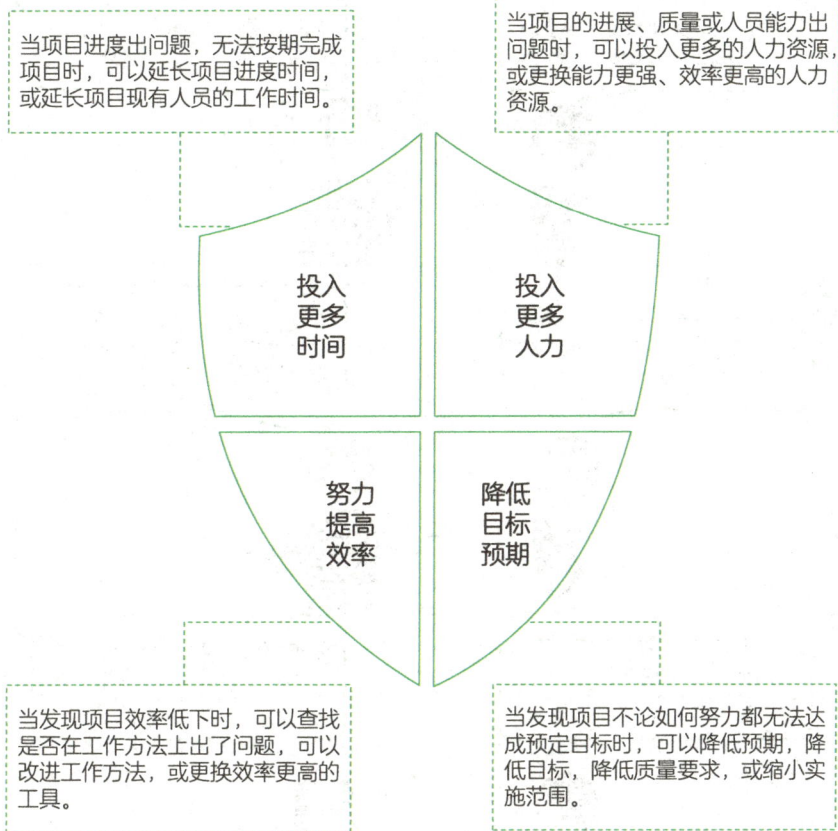

当项目进度出问题，无法按期完成项目时，可以延长项目进度时间，或延长项目现有人员的工作时间。

当项目的进展、质量或人员能力出问题时，可以投入更多的人力资源，或更换能力更强、效率更高的人力资源。

投入
更多
时间

投入
更多
人力

努力
提高
效率

降低
目标
预期

当发现项目效率低下时，可以查找是否在工作方法上出了问题，可以改进工作方法，或更换效率更高的工具。

当发现项目不论如何努力都无法达成预定目标时，可以降低预期，降低目标，降低质量要求，或缩小实施范围。

小贴士

项目经理实施项目监控时，要关注 4 类报告：1. 项目进展情况的报告，可以在日常关注；2. 项目实施检查的报告，可以定期观察关注；3. 项目实施质量的报告，可以在项目定期反馈中关注；4. 项目阶段性或整体评估报告，可以在项目阶段会议中关注。

2.3.2 如何实施变更管理

问题场景

1
做项目，最头大的就是说变就变，计划赶不上变化快！

2
这其实是"烦恼"，而不是"问题"。

NO!

3
是"烦恼"，不是"问题"？什么意思？

4
"问题"能够被解决，但"烦恼"是和工作绑定在一起的，很难被解决。

5
那对待项目中的变化，我们就没办法了吗？

6
发展变化本来就是这个世界的常态，别害怕变化，学着管理变化。

问题拆解

项目中的变化是项目经理的烦恼，这种烦恼和项目本身绑定在一起。在项目运行过程中，出现变化在所难免。面对项目中的变化，项目经理首先要调整心态，适应这种变化，并学着管理这种变化。

方法与工具

工具介绍

项目变更管理

当外部环境发生变化时，原本定好的项目计划难免需要变更。当遭遇项目变更时，项目经理首先要注意对项目变更实施分类管理，分清楚项目变更的重要程度和必要程度；其次要注意管理好这种变更。

项目变更的优先级排序

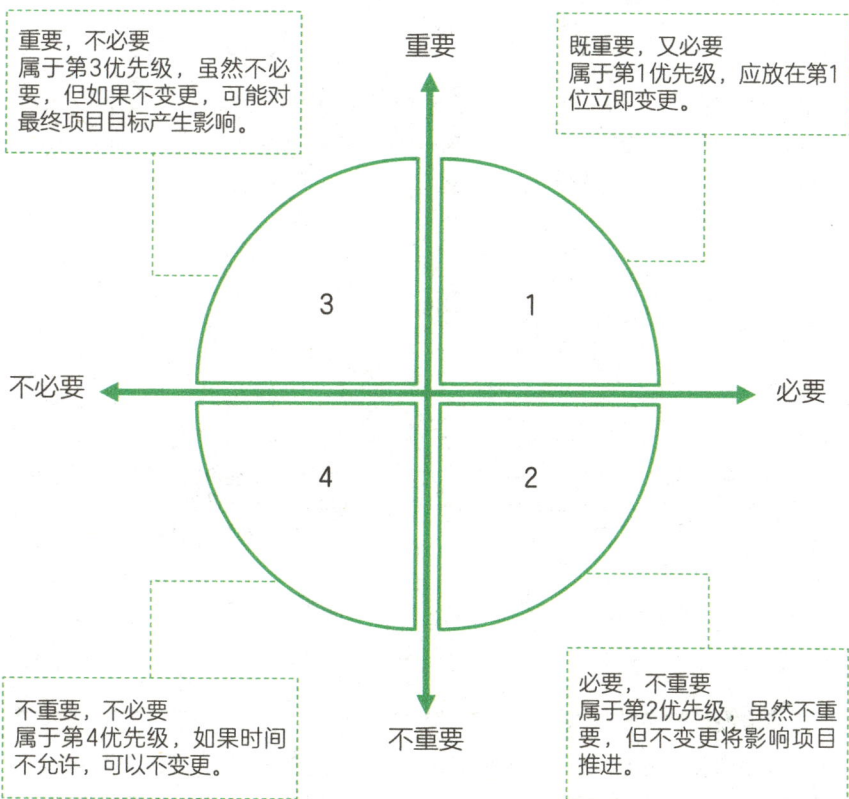

重要，不必要
属于第3优先级，虽然不必要，但如果不变更，可能对最终项目目标产生影响。

既重要，又必要
属于第1优先级，应放在第1位立即变更。

不重要，不必要
属于第4优先级，如果时间不允许，可以不变更。

必要，不重要
属于第2优先级，虽然不重要，但不变更将影响项目推进。

重要

不必要 ← → 必要

不重要

3 | 1
4 | 2

是否重要，指变更对项目目标达成的重要程度；
是否必要，指变更对推进项目进展的影响程度，越必要，代表越需要马上变更。

应用解析

项目变更的 4 类源头

项目的发起人、决策人或出资人的想法发生变化，存在不切实际的期望，产生超出项目范围的预期等。

团队内部出现问题，例如项目成员出现内部矛盾、项目成员沟通出现问题，或项目成员的能力不足以支撑项目完成等。

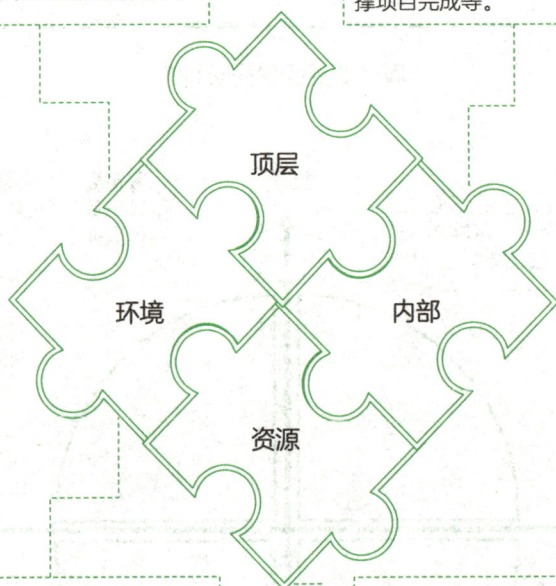

顶层

环境　　　　**内部**

资源

项目的外部环境发生重大变化，例如政策变化、市场变化、其他项目对本项目产生某种影响等。

项目资源发生缩减，例如财务预算缩减、人力资源流失、关键设备损坏、关键场地出问题等。

小贴士

　　项目变更总是有原因的。一般来说，项目的变更往往出自上述 4 类源头。防火胜于救火，防患于未然好过出现问题后再匆忙应对。要管理项目变更，首先要从管住这些引发问题的源头入手。

2.3.3　如何应对项目变更

问题场景

1 面对项目频繁的变更，项目经理要怎么办呢？

2 最好设定一个项目变更流程。用流程来应对变更，好过拍脑袋决策。

3 怎么设计项目变更流程呢？

4 首先要对项目变更设置审批程序，不能说变就变，要分析项目变更的影响。

5 谁来审批呢？项目经理吗？

6 不一定，影响较小的事项可以由项目经理审批，影响较大的事项要报决策层审批，必要时还要召开审批会议。

问题拆解

　　应对项目变更，要设置和规范项目变更流程。变更流程中有 3 个关键人物，一是谁来申请变更，二是谁来审批变更，三是谁来管理变更。不同的变更事项对应着不同的申请人、审批人和管理人。这 3 个关键人物可以是同一个人，也可以是不同的人。

方法与工具

工具介绍

项目变更审批流程

出现项目变更时，需执行项目变更审批流程。首先由相关人员提交变更审批申请，说明变更的原因，项目经理评估变更对项目的影响，研讨变更的必要性和变更计划，报有审批权限者审批。审批通过后，实施变更，并评估变更执行情况。

应对项目变更的 4 个关键

4 适度放权
有时为提高决策效率，在不违背目标与结果的前提下，项目基础工作的变更可以交给项目基层工作负责人。

3 必须审批
项目变更可能造成重大影响，一切项目变更都不能拍脑袋决策，应经过相关负责人审批，不能随意变更。

2 心态调整
项目成员的心态影响着变更能否顺利实施，项目经理要调整项目团队成员的心态，让团队成员接受变化。

1 结果导向
项目的一切变更，应为最终目标和结果服务，应为最终输出服务，应本着结果导向的原则，不能随意变更。

应用解析

应对项目变更的 4 点注意事项

在变更发生前，项目经理要设定原则，知道什么能做，什么不能做。在变更发生后，项目经理要根据原则明确什么该做，什么不该做。

项目发生变更时，项目经理要将变更信息与相关人员共享，让所有相关人员了解项目变更情况，保持项目相关人员的信息对称。

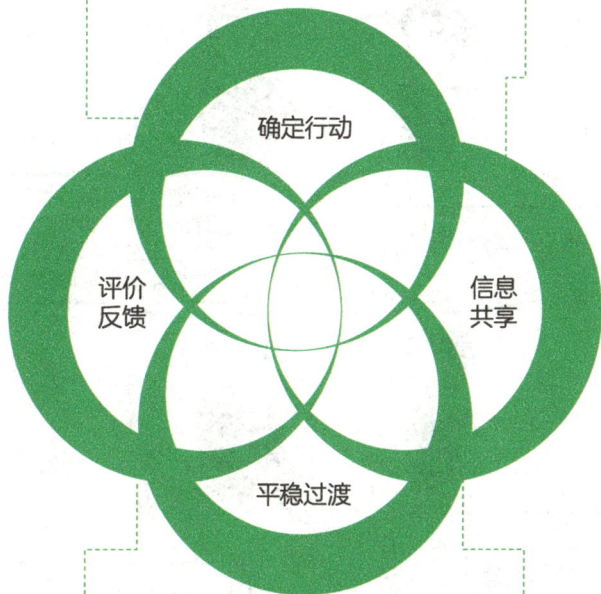

确定行动

评价反馈

信息共享

平稳过渡

项目发生变更后，项目经理要定期评估变更是否按计划进行，定期评估变更是否达到预期目标，定期向相关人员反馈变更情况。

项目变更意味着要改变预定计划，有人因此会产生负面情绪，有人会因为工作白费而沮丧或暴怒。项目经理应尽量让变更平稳过渡。

小贴士

项目变更管理的关键，是项目团队成员对项目变更的理解和接受程度。多数人更喜欢按部就班，不喜欢变化。项目变更最大的阻力往往来源于人。要让项目变更顺利实施，项目经理要让团队成员能够接受变化，愿意拥抱变化。

2.3.4 如何实施项目收尾

问题场景

1
实施项目的过程太煎熬，到了尾声后项目经理就轻松了。

2
项目收尾阶段要做的工作也不少，如果做不好收尾，本来成功的项目可能也会以失败告终。

3
啊？项目收尾不就是开个总结会吗？

4
开总结会只是项目收尾阶段主要工作的一种形式，开会不是目的，总结也不是全部目的，目的是就项目整体的实施情况做沟通。

5
那在项目收尾阶段，除了开会总结外，项目经理还要做什么呢？

6
还要做项目的验收、评估和归档。

问题拆解

　　项目接近尾声时，不代表项目结束，也不代表项目经理已经没有该做的工作。在项目收尾阶段，项目经理要做的不仅是开项目总结会，还包括对项目输出物的验收，对项目实施情况的评估以及对项目相关文件的存档。

方法与工具

工具介绍

项目收尾

在项目接近尾声时，最好的情况是项目经理保证项目范围内的所有相关工作都已完成，所有临时发生的问题都已解决，保证项目输出物达标顺利交付。如果有未完成的工作或未解决的问题，项目经理要整合资源，给出交代。

项目收尾的 4 项关键工作

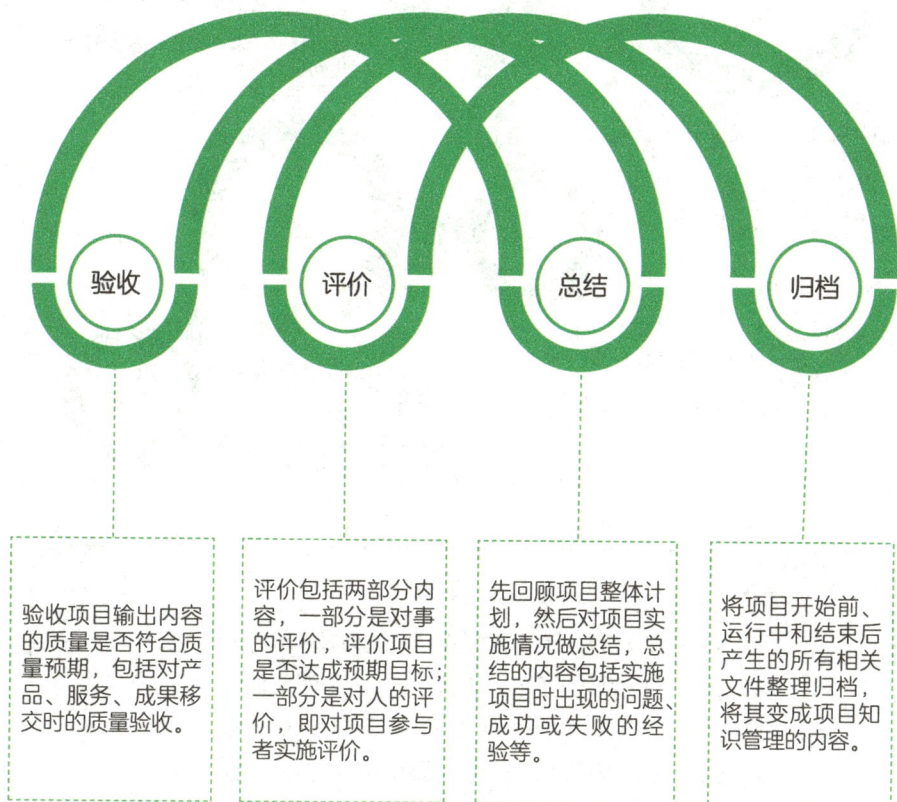

验收

评价

总结

归档

验收项目输出内容的质量是否符合质量预期，包括对产品、服务、成果移交时的质量验收。

评价包括两部分内容，一部分是对事的评价，评价项目是否达成预期目标；一部分是对人的评价，即对项目参与者实施评价。

先回顾项目整体计划，然后对项目实施情况做总结，总结的内容包括实施项目时出现的问题、成功或失败的经验等。

将项目开始前、运行中和结束后产生的所有相关文件整理归档，将其变成项目知识管理的内容。

应用解析

项目评估的 6 个维度

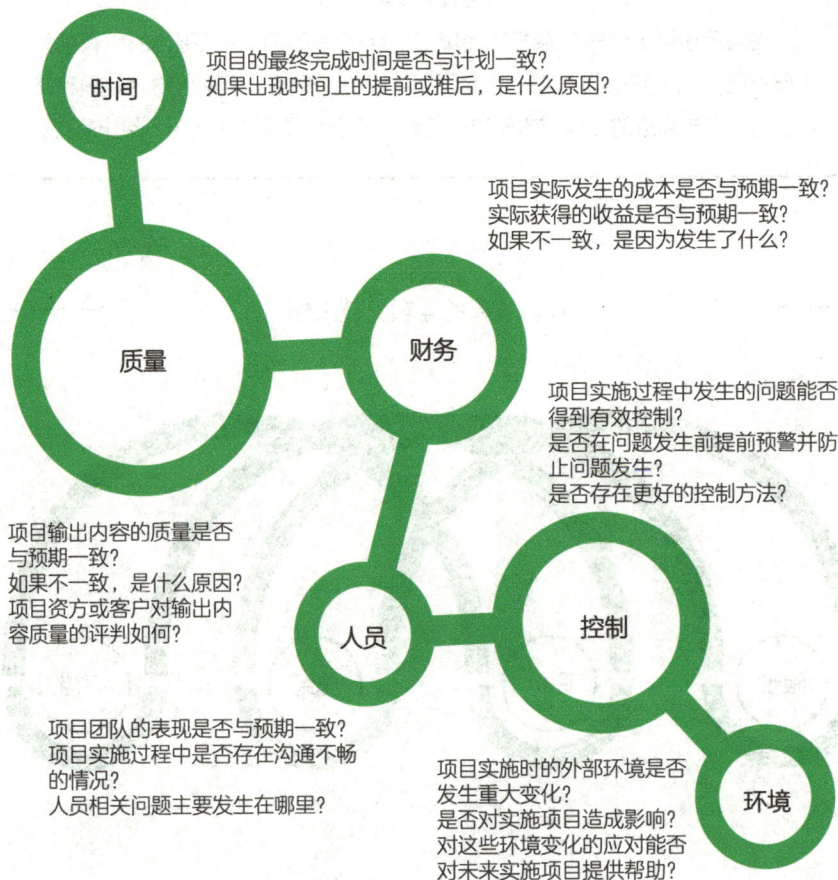

时间

项目的最终完成时间是否与计划一致？
如果出现时间上的提前或推后，是什么原因？

项目实际发生的成本是否与预期一致？
实际获得的收益是否与预期一致？
如果不一致，是因为发生了什么？

质量

财务

项目实施过程中发生的问题能否
得到有效控制？
是否在问题发生前提前预警并防
止问题发生？
是否存在更好的控制方法？

项目输出内容的质量是否
与预期一致？
如果不一致，是什么原因？
项目资方或客户对输出内
容质量的评判如何？

人员

控制

项目团队的表现是否与预期一致？
项目实施过程中是否存在沟通不畅
的情况？
人员相关问题主要发生在哪里？

项目实施时的外部环境是否
发生重大变化？
是否对实施项目造成影响？
对这些环境变化的应对能否
对未来实施项目提供帮助？

环境

小贴士

在项目结尾时，项目经理要做好 4 类分析：

1. 知识分析：对实施项目过程中的各类经验教训形成的知识做分析。

2. 偏差分析：对项目预期目标与实际达成目标的差距做分析。

3. 趋势分析：对未来类似项目管理方法的走向趋势做分析。

4. 回归分析：对影响项目正常实施各要素间的关系做分析。

2.3.5 如何管理项目知识

问题场景

① 项目结束后的总结报告太重要了，这些报告都是团队重要的知识资产，要保存管理好。

② 确实，不过总结报告只是一部分显性知识。除显性知识外，还要管理好项目的隐性知识。

③ 隐性知识指的是什么？

④ 是那些很难被明确记录下来的知识，例如经验、秘诀、思维、观念等。

⑤ 这些隐性知识要如何保存下来呢？

⑥ 隐性知识存在于人的头脑中，保存和传递隐性知识的方法是沟通和交流。

问题拆解

　　项目知识管理中的知识分成显性知识和隐性知识。显性知识指能够通过文字、图片、音频、视频等记录下来的内容；隐性知识指难以被明确记录和传承的内容。显性知识容易传递，隐性知识不容易传递，需要通过人与人的交流和沟通获得。项目知识管理，既要管好显性知识，又要管好隐性知识。

方法与工具

工具介绍

获取信息的 4 种途径

很多人获取知识信息，第一反应是上网搜索，这种方式看似快速，却容易陷入困境。因为网络是个无底洞，信息源特别多。第二反应是买书，这也有问题，因为一般人要把一本书里的内容全部消化完至少要 1 周时间，前提还是选对了书。要高效地获得知识信息，项目经理可以通过 4 种途径，分别是人、事、网、书。

获取知识信息的 4 种途径

要获取信息，首先要从人的维度思考。有价值的知识或信息存在于人的头脑中，通过向有经验者学习请教，可以快速获得关键知识，快速掌握解决具体问题的窍门。

除了向人获取知识信息外，向事情学习同样是获取知识信息的有效途径。典型成功项目的成功经验值得学习研究，典型失败项目的失败经验也值得引以为鉴。

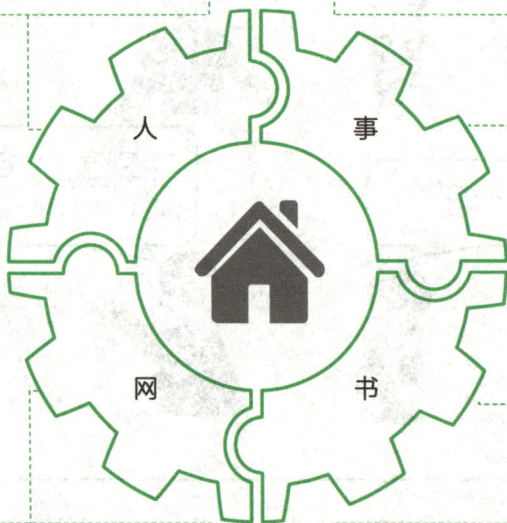

人　事

网　书

在尝试通过人和事获取知识信息后，还可以尝试通过互联网获取知识信息。互联网是信息的海洋，知识包罗万象，而且可以实现关键词定向搜索。

书是传统的知识信息获取渠道，有优点，也有缺点。书的缺点是比较难定向解决问题，优点是知识信息比较系统全面，通过书可以学习到结构化的内容。

应用解析

项目管理各阶段的关键文件

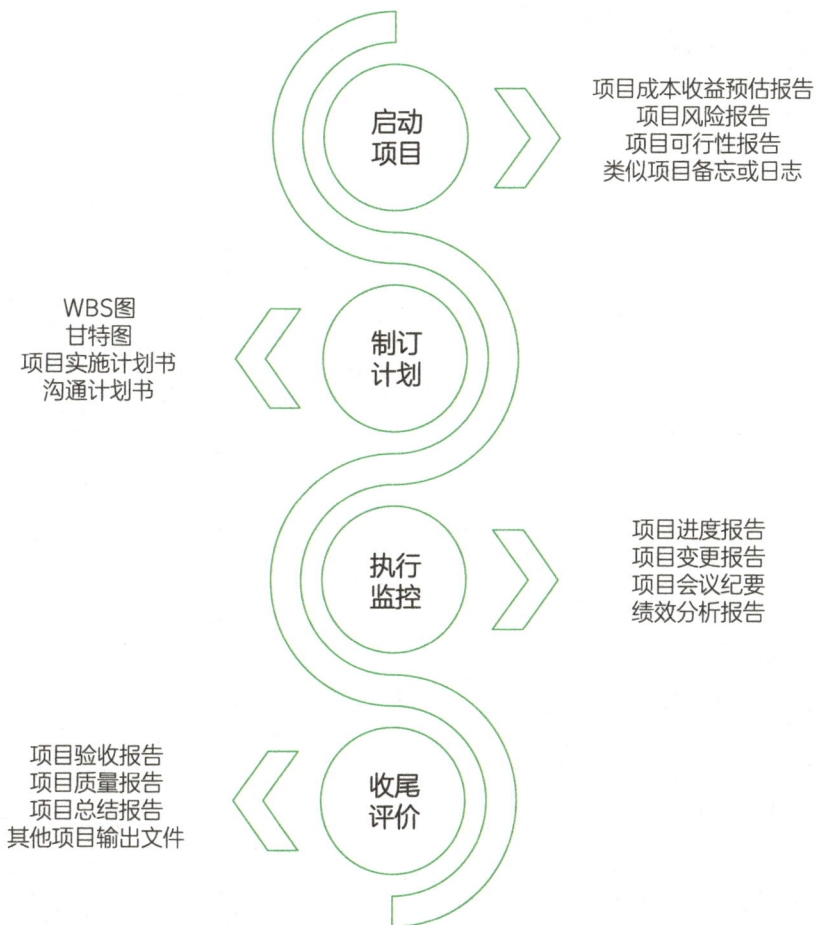

启动项目
- 项目成本收益预估报告
- 项目风险报告
- 项目可行性报告
- 类似项目备忘或日志

制订计划
- WBS图
- 甘特图
- 项目实施计划书
- 沟通计划书

执行监控
- 项目进度报告
- 项目变更报告
- 项目会议纪要
- 绩效分析报告

收尾评价
- 项目验收报告
- 项目质量报告
- 项目总结报告
- 其他项目输出文件

小贴士

实施项目过程中形成的文件，都属于项目的知识资产。这些知识资产应妥善储存，成为项目的知识库。另外，很多项目知识产品的精华在人身上，向人学习，更容易学到隐性知识。

03

项目沟通管理 ——

本章背景

1

我发现很多失败的项目中，项目经理和项目成员的关系很容易变得非常紧张。应该是因为现在年轻人越来越不好管吧。

2

其实人都是一样的，每个时代的年轻人都差不多，只不过不同时代有不同特点。如果还拿对待上个时代年轻人的方法来和这个时代的年轻人沟通，就容易出问题。

3

可现在项目团队内部的关系太容易出问题了，怎么办呢？

4

这种情况大概率是项目经理的沟通能力不足。

5

照这么说，项目上的沟通问题，主要是项目经理的问题？

6

确实如此，因为项目经理决定了整个团队的沟通氛围。

背景介绍

　　管理的本质是沟通，一切管理问题最后总能归结到沟通问题。沟通是项目经理带好项目团队的必备技能。要保证项目顺利实施，项目经理要做好沟通管理。通过沟通，获得团队成员的信任，增强团队成员的凝聚力，激发团队成员的创造力。

3.1　项目沟通准备

沟通并不是不着边际的软技能，沟通是有方法的。对于没有掌握沟通技能的项目经理来说，可以从养成设计沟通计划的习惯开始，通过平衡项目中的多方沟通，按照规范的步骤实施项目沟通。

3.1.1 如何设计沟通计划

问题场景

1 项目经理该怎么有效沟通呢？

2 沟通不能漫无目的，项目经理在沟通前，首先要想好沟通计划。

3 啊？沟通还要计划？

4 当然，沟通需要时间，时间是成本，时间是资源。要有效沟通，当然要有沟通计划。

5 难道项目经理要列出一个正式的沟通计划表吗？

6 如果是比较重要的沟通场景，确实需要。如果不重要，就可以制订非正式的计划。

问题拆解

项目经理与相关人员沟通时，要提前制订沟通计划。这里的沟通计划可以是正式的，也可以是非正式的。比较严肃或复杂的项目，可以制订正式的沟通计划，比较平常或简单的项目可以制订非正式的沟通计划。

方法与工具

工具介绍

项目沟通计划

项目管理中的沟通计划，就是项目经理在实施沟通前，应当首先计划自己在什么时间，和谁，通过什么方式，采取哪种渠道沟通，在沟通时要向对方传递什么信息，能保证对方最大化接收到相关信息。

每个项目都应有沟通计划，项目经理不能因为自己经验丰富，或者认为自己已经养成优秀的沟通习惯，就放弃制订沟通计划。沟通计划不只是给项目经理自己看的，也是给项目所有相关人员看的。

项目沟通计划样表

所有为了项目顺利实施需要沟通的人，所有需要了解项目信息的人，都应当列在项目相关人这一项。

沟通频率一般是每月/每周/每天，可以根据项目长度或需要灵活调整。

沟通渠道可以是正式的会议、书面报告、电子邮件等，也可以是非正式的口头汇报或面对面交流。

项目相关人	沟通信息	沟通频率	沟通渠道	沟通人
张三	项目预期达成情况	每月	项目报告会	项目经理
李四	项目问题解决情况	每周	书面报告	项目成员A
王五	项目工作进展情况	每天	口头汇报	项目成员B

与项目相关人对应，项目相关人需要知道哪些信息，这里应当对应这类信息。

项目沟通人是负责实施该项沟通的责任人，可以是项目经理，可以是项目组内部成员，也可以是项目相关人。

应用解析

沟通计划与沟通对象的关系

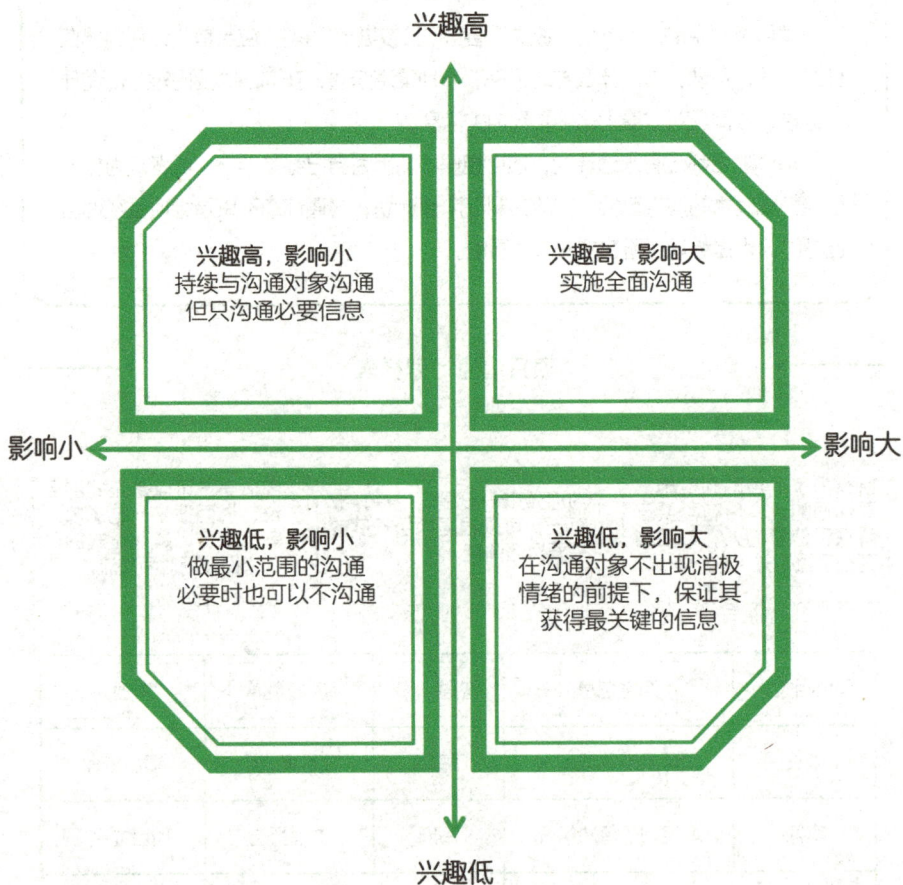

兴趣高

兴趣高，影响小
持续与沟通对象沟通
但只沟通必要信息

兴趣高，影响大
实施全面沟通

影响小 ← → 影响大

兴趣低，影响小
做最小范围的沟通
必要时也可以不沟通

兴趣低，影响大
在沟通对象不出现消极
情绪的前提下，保证其
获得最关键的信息

兴趣低

小贴士

　　对不同的沟通对象，沟通计划实施策略不同。这里主要跟两大因素有关，一是沟通对象（信息接收人）对项目内容的兴趣大小，二是沟通对象对项目的影响程度。对项目的兴趣越大，同时影响程度越大的沟通对象，应重点沟通。

3.1.2 如何平衡多方沟通

问题场景

1 我发现有些项目经理不仅不喜欢和员工沟通，似乎和谁都不愿沟通。这会不会是这些项目经理带不好项目的原因之一呢？

2 很可能是，因为项目经理在沟通方面的要求不仅只针对团队成员，还包括与项目相关的方方面面。

3 那看来，项目经理还要具备和各关联方沟通的能力。

4 没错，当项目经理做好各关联方沟通后，项目成功的概率将大幅提升。

5 怎么让项目经理做好关联方沟通呢？

6 首先要让项目经理梳理清楚所有的关联方，针对各关联方的特点，有针对性地实施沟通。

问题拆解

每个项目都包含多个关联方，要保证项目成功，项目经理要有能力识别出各关联方，梳理清楚各关联方之间的关系，以及各关联方对项目成败的影响。根据各关联方的特点，有针对性地实施沟通。

方法与工具

工具介绍

项目经理需沟通的 4 个维度

在项目管理中，项目经理要面对来自内部、外部、垂直和水平等不同维度的关联方。项目经理应梳理并列出需要沟通的关联方，根据这些关联方的特点，按照相应的沟通方式和频率实施沟通，才不会出现遗漏。

项目经理需沟通的 4 个维度

项目团队在内部成员之间的沟通　　　　项目团队与外部关联方之间沟通

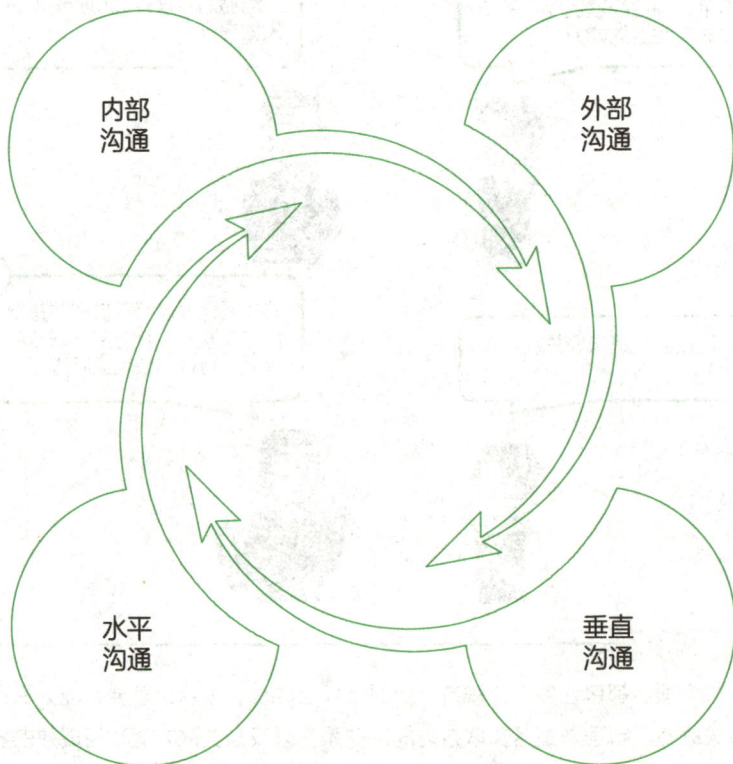

内部
沟通

外部
沟通

水平
沟通

垂直
沟通

机构间或相同级别同事间的沟通　　　项目团队内部上下级之间的沟通

应用解析

项目经理的 6 类关联沟通方

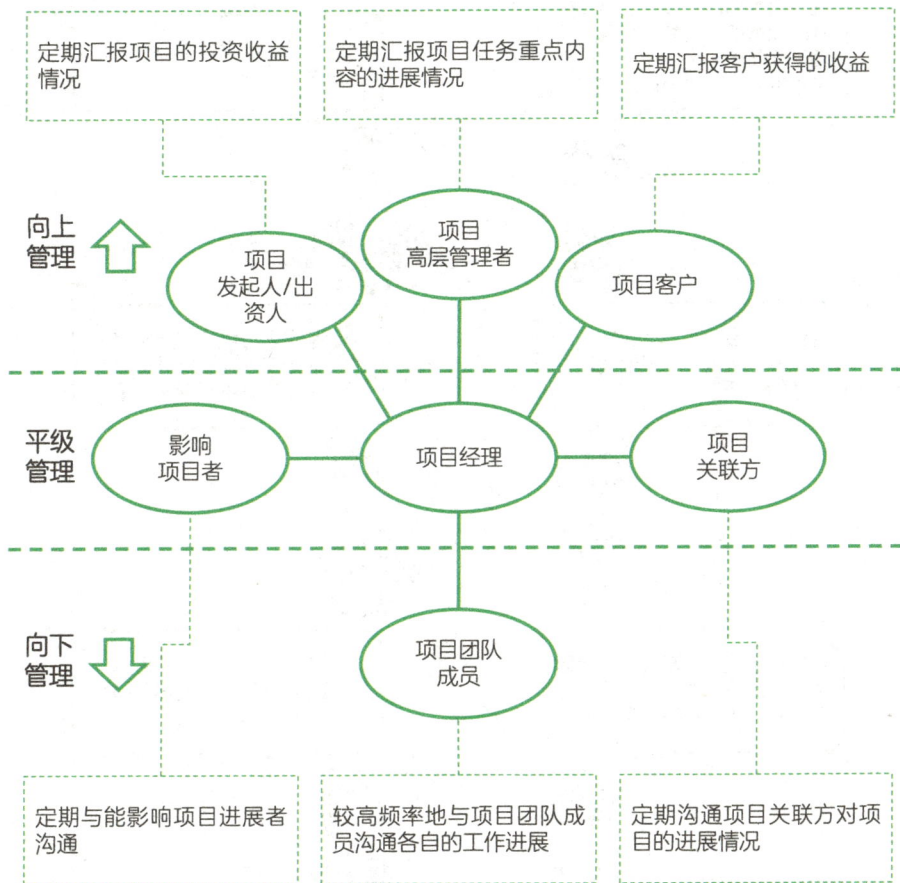

向上
管理 ⬆

平级
管理

向下
管理 ⬇

定期汇报项目的投资收益情况

定期汇报项目任务重点内容的进展情况

定期汇报客户获得的收益

项目
发起人/出资人

项目
高层管理者

项目客户

影响
项目者

项目经理

项目
关联方

项目团队
成员

定期与能影响项目进展者沟通

较高频率地与项目团队成员沟通各自的工作进展

定期沟通项目关联方对项目的进展情况

小贴士

对不同的项目关联方，有不同的沟通技巧，应采取不同的沟通原则。在向上管理方面，项目经理应当主动汇报项目进展情况；在平级管理方面，项目经理应注意与关联方互通有无；在向下管理方面，项目经理应频繁与项目成员沟通，同时培养项目成员主动汇报项目进展的习惯。

3.1.3　如何实施项目沟通

问题场景

① 通过离职访谈发现，已经有好几个优秀员工因为和项目经理闹矛盾而离职了。真不知道是员工不好，还是项目经理不好。

② 这些矛盾经过调查了吗？是什么原因引起的？

③ 调查了，最后发现多数情况都是误解，所以我也没追究项目经理的责任。

④ 看起来是项目经理和员工之间的沟通出了问题。如果提早沟通，员工应该不至于离职吧。

⑤ 我觉得也是，不知道是不是因为项目经理和员工间的年龄差距大有代沟，所以沟通不畅。

⑥ 代沟不是问题，主要问题应该是项目经理没有掌握沟通技巧，没有与员工有效沟通。

问题拆解

　　管理中的年龄差异并不是造成沟通不畅的主要原因，沟通不畅通常是由于项目经理没有掌握沟通技巧。掌握沟通技巧后，能够规避沟通双方因年龄、性别、身份等各维度存在的差异，让沟通双方实现信息互通。

方法与工具

工具介绍

项目经理的沟通

项目顺利实施离不开项目经理和团队成员之间的沟通，项目经理要把与团队成员的沟通当作一种习惯。项目经理和团队成员的沟通形式可以有很多种，可以采取正式沟通，也可以采取非正式沟通，可以通过语言沟通，也可以通过文字沟通，不要只拘泥于某一种形式。

项目中的 4 种沟通方式

项目经理可以采取比较正式的一对一面谈、会议或文字报告等形式与团队成员沟通。当沟通内容为比较正式的内容时，适合采取这种沟通方式。

项目经理可以通过走动式管理与团队成员交流沟通。当沟通内容无需太正式，或只是日常的交流提醒时，可以采取这种沟通方式。

正式
沟通

非正式
沟通

书面
沟通

语言
沟通

项目经理可以运用文字，通过书面文书形式与员工沟通。当沟通内容需要纸质记录或相对比较正式时，适合采取这种沟通方式。

项目经理可以运用语言，通过面对面或语音通话沟通。当沟通内容用语言表达更清楚时，适合采取这种沟通方式。

应用解析

项目管理的沟通流程

项目管理中的沟通应当有意义，沟通发起人首先要确定发起本次沟通的目的，明确自身的沟通意图，确定期望信息接收方接收到的信息是什么。

根据信息接收人的背景处理信息，用信息接收人能接受的口头语言、书面文字、肢体语言等表达形式处理信息。通俗地说，就是用信息接收人听得懂的话表达信息。

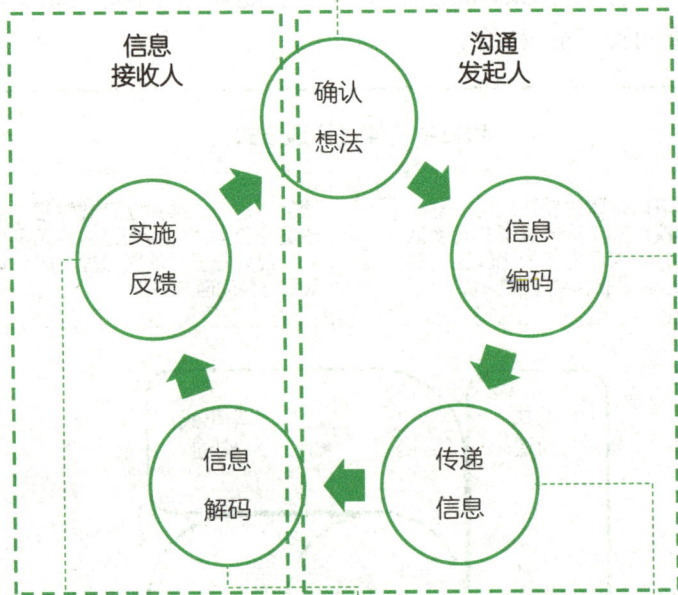

信息
接收人

沟通
发起人

确认
想法

实施
反馈

信息
编码

信息
解码

传递
信息

信息解码的过程难免会产生信息失真，这时候就需要信息接收人将自身理解反馈给沟通发起人，确保其对信息的理解无误。

信息接收人在接收信息后，会对信息做解码，将沟通发起人传递的信息变成自身能理解的内容。解码时，信息接收人会基于自身背景理解信息。

信息传递的方式有很多种，有正式或非正式的，有语言或书面的。选择哪种信息传递形式，也要根据信息接收人的情况确定。

小贴士

沟通是有技巧的，要保证沟通顺畅，项目经理需要掌握让沟通顺畅的技巧。顺畅的沟通需要考虑沟通中的各个要素，平衡各要素之间的关系。

3.2 项目沟通技巧

沟通不仅有方法，还有技巧。掌握沟通的方法，可以让沟通顺利实施。掌握沟通的技巧，可以让沟通出彩。运用沟通技巧，项目经理可以保持团队内部沟通顺畅，增强团队信任，引导团队创新。

3.2.1　如何保证沟通顺畅

问题场景

1　有些项目经理和项目成员之间的沟通总是不顺畅。

2　这很可能是因为项目经理在和员工沟通时没有掌握并用好沟通技巧。

3　怎么让项目经理掌握沟通技巧呢?

4　可以先掌握沟通的几个关键要素，确保沟通内容包含这些关键要素。

5　沟通的关键要素指的是什么呢?

6　主要是时间、信息、渠道和对象这4个要素。

问题拆解

　　沟通是有技巧的，要保证沟通顺畅，项目经理需要掌握让沟通顺畅的技巧。顺畅的沟通需要考虑沟通中的各个要素，平衡各要素之间的关系。

方法与工具

工具介绍

项目沟通的 4 个关键要素

项目经理要做好项目沟通，要关注 4 个关键要素，分别是时间、信息、渠道和对象。好的项目沟通，要在恰当的时间，对恰当的对象，选择恰当的渠道，传递恰当的信息。只有这样，信息接收方才能有效接收信息，沟通方和信息接收方对信息的理解才能达成一致。

项目沟通的 4 个关键要素

沟通的时间要恰当，要在需要沟通的时间沟通，要在适合沟通的时间沟通，要在对的时间沟通。

传递的信息要恰当，要传递正确的信息，要传递能够被理解的信息，要传递需要的信息，要传递尽可能精练的信息。

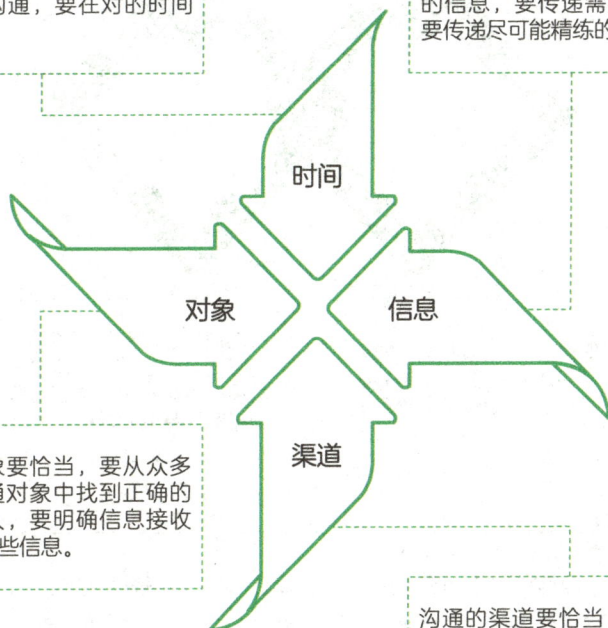

沟通的对象要恰当，要从众多可能的沟通对象中找到正确的信息接收人，要明确信息接收人应接收哪些信息。

沟通的渠道要恰当，要掌握不同的沟通渠道，要选择正确的方式沟通，要用合适的渠道传递信息。

时间

对象　信息

渠道

应用解析

项目沟通的 4 大原则

沟通一定要及时，该沟通时要第一时间沟通，按照提前定好的频率沟通。在沟通上的拖延往往容易引发误会。

沟通的信息量不是越大越好，太多的信息可能很难被沟通对象接受。沟通时要抓住重点信息，不要期望沟通对象能一下子理解全部信息。

及时　　**重点**

准确　　**精练**

沟通中传递的信息一定要准确。准确的信息不会在传递中变形。不要在沟通中传递不确定的、模棱两可的信息。

沟通的语言应尽可能精练，减少沟通时间。但也要注意沟通对象的接受程度，过犹不及，太过精练的信息同样可能很难被沟通对象接受。

小贴士

项目经理与项目成员沟通时，一定要注意营造平等交流的氛围。项目经理要放低姿态，不能以一副高高在上的姿态与项目成员交流。团队内部的误解常常来自信息不对称，当项目经理愿意和项目成员共享信息时，必然会让项目团队内部上下级之间的沟通更通畅。

3.2.2 如何增强团队信任

问题场景

1 说起沟通，让我想到了信任危机。我发现很多团队管理者和员工之间总是存在某种隔阂，员工有时候不信项目经理的话。

2 是不是因为项目经理总是言而无信，承诺了很多事却办不到？

3 不全是，可能主要原因也是我们的项目经理平常和员工沟通太少吧，总是给员工一种高高在上的感觉。

4 管理者和员工之间缺乏沟通确实会出现这种情况。不仅如此，如果管理者和员工沟通时不能打开心扉，也会导致沟通无效。

5 那该怎么办呢？

6 可以让管理者运用沟通视窗这个工具与员工沟通，帮助管理者和员工形成信任关系。

问题拆解

　　每个人都有开放给别人的一面，也有自己想隐藏起来的一面。如果管理者想要隐藏的信息太多，会被员工看成内心封闭或神秘的人，员工对管理者的信任度会降低，引起员工的防范心理。如果管理者保持开放的心态，能够通过下属了解到很多自己不了解的信息，不断完善自己。

方法与工具

工具介绍

沟通视窗

也叫乔哈里窗（Johari Window），这个理论最初是由乔瑟夫（Joseph）和哈里（Harry）在 20 世纪 50 年代提出来的。沟通视窗把人际沟通的信息比作一个窗子，这个窗子分成了 4 个区域。

1. 开放区，即自己知道，别人也知道的信息，比如姓名、性别、年龄、职业等；

2. 盲区，即自己不知道，但是别人知道的信息，比如性格弱点、不好的习惯、他人的评价等；

3. 隐私区，即自己知道，但是别人不知道的信息，比如某些不想让他人知道的经历、秘密、心愿等；

4. 黑洞区，即自己不知道，别人也不知道的信息，比如某种潜能、隐藏的疾病等。

沟通视窗的应用

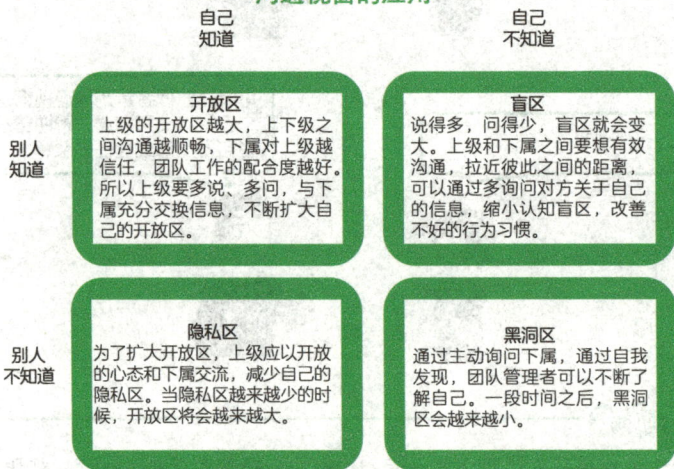

	自己 知道	自己 不知道
别人 知道	**开放区** 上级的开放区越大，上下级之间沟通越顺畅，下属对上级越信任，团队工作的配合度越好。所以上级要多说、多问，与下属充分交换信息，不断扩大自己的开放区。	**盲区** 说得多，问得少，盲区就会变大。上级和下属之间要想有效沟通，拉近彼此之间的距离，可以通过多询问对方关于自己的信息，缩小认知盲区，改善不好的行为习惯。
别人 不知道	**隐私区** 为了扩大开放区，上级应以开放的心态和下属交流，减少自己的隐私区。当隐私区越来越少的时候，开放区将会越来越大。	**黑洞区** 通过主动询问下属，通过自我发现，团队管理者可以不断了解自己。一段时间之后，黑洞区会越来越小。

对不熟的人，人们的心灵窗户是不会随便打开的，所以在上下级沟通中，有的下属不愿意暴露自己的隐私区。要想下属逐渐敞开自己，上级要多和下属沟通，先对下属开放自己的隐私区，对下属的问话要多走心，多观察下属的情况，多和他聊一些生活细节，体现出对下属的关心。

应用解析

团队中沟通网络的形态

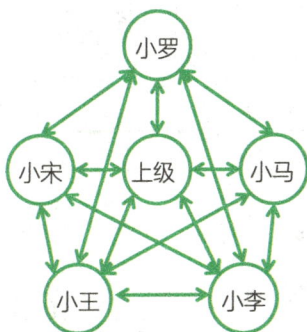

全通道式沟通网络

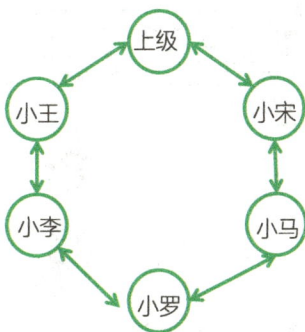

环式沟通网络

链式沟通网络

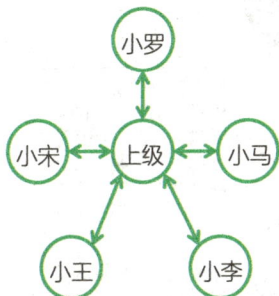

轮式沟通网络

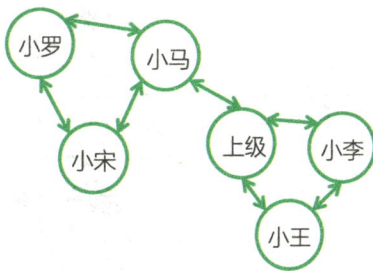

分群式沟通网络

小贴士

　　团队中比较健康的沟通网络是上下级之间、下属之间互通有无，全通道式的沟通网络是团队最健康的沟通网络。其他类型的沟通网络都存在不同程度的信息交互问题。信息不通畅必然会带来团队内部的沟通问题，产生不必要的管理内耗。

3.2.3 如何创造平等氛围

🔒 **问题场景**

1 有些员工向我反映，说自己受到了不公平待遇。这是不是说明项目经理没有给员工提供公平的环境？

2 如果问题不集中，那可能不是某个管理者的问题，可能是规则的问题。如果问题集中，那就是管理者的问题。不过，过分追求公平感是没意义的。

3 为什么？让员工感觉公平不应该是一件很重要的事吗？

4 公平是一种主观感受，而不是客观事实，每个人对公平的定义和感觉不一样，不可能让每个人都觉得公平。

5 难道这种情况我就不管了吗？

6 当然不能不管，了解具体情况后，如果不是项目经理的问题，就不需要过于关注。与其追求公平，不如追求平等。

问题拆解

　　每个人对公平的定义不同，有人认为平均分配就是公平，有人认为公平应该根据情况分配，而不是平均分配。就算在认为根据情况分配才是公平的人当中，关于应该根据什么情况，采取何种程度分配的观点也各不相同。追求绝对公平并不现实，追求内部平等却是能够实现的。

方法与工具

工具介绍

营造平等氛围

很多公司的团队管理者与员工处在对立的位置，这给管理造成了很大的障碍。这种障碍源于管理者和员工之间天然的层级划分。人人平等的氛围能够消除层级意识。团队管理者通过塑造和员工之间平等的感觉，能够给员工创造良好的工作体验，让员工感受到管理的人性化，激发员工的主观意愿和创造性。

塑造平等感的 3 种方法

员工对管理者的称呼影响着彼此心理上的层级感，以及双方的角色定位。直呼姓名有助于消除层级意识。

直呼姓名

直说不满

直截了当

如果员工心中有不满时可以把心中的不满直接说出来，有助于改善管理者和员工之间的关系，平复员工情绪。

管理者对员工不绕弯子式的直爽管理能够让沟通氛围变得简单明了。简单的管理会弱化员工被管理的感觉。

塑造平等感的 3 点注意事项

并非真实平等

不意味着任性

并非真实平等

管理者塑造的是主观上的平等感，而不是客观上的平等。

平等不代表员工可以不分主次、不讲规则、任意妄为。

就算公司做得再好，也不可能让所有员工产生平等感。

应用解析

案例：阿里巴巴公司的花名制度

阿里巴巴有个独特的员工称谓制度，叫花名制度。凡是加入阿里巴巴的人，都要给自己取一个花名。花名制度主要有5个好处。

能增强同事之间的亲昵感。花名叫起来比较亲热，能够拉近同事之间的距离。花名制度也是增强团队凝聚力的方式，在花名制度下，团队就像一个大家庭。

因文化不同，有人觉得直呼姓名是不尊重，习惯用姓氏+职务称呼；有人则觉得用姓氏称呼不妥，应直呼全名。有了花名制度，能统一认知，只需要遵从花名制度就可以。

古龙曾说："一个人的名字有可能起错，但外号却绝对错不了。"花名能在一定程度上显示出人们对自我形象的认知和判断，能反映出员工的心理特征。

减少差异

拉近距离

彰显形象

消除等级

增加趣味

一方面，意味着组织倡导上下级一视同仁，减少阶层感；另一方面，用花名称呼上级，能体现趣味性，减少因等级产生的压迫感。

花名不像真名一样刻板，能增强沟通过程中的趣味性。彼此称呼花名，能在欢声笑语中让团队氛围更加轻松和融洽。

小贴士

阿里巴巴的花名制度不仅影响着阿里巴巴相关的公司，很多从阿里巴巴离职的员工创业时，也会模仿阿里巴巴的花名制度。目前，花名制度已经在中国很多互联网公司中生根发芽，成为一项表达内部平等关系的重要制度。

3.2.4 如何引导团队创新

问题场景

1 我发现有些项目团队的创新能力差，这是不是也和项目经理的沟通能力差，不知道如何引导员工创新有关呢？

2 确实与项目经理的沟通能力有一定关系，不过要引导员工创新，运用工具也许会更好一些。

3 运用工具？什么工具？

4 有个思维模型工具，叫六顶思考帽。

5 什么帽？有什么用？

6 就是用6种颜色的帽子代表6种不同的思维模式，可以激发团队思维，不至于让团队出现思维混乱，有助于思维的发散和聚焦。

问题拆解

很多团队在创新想法的产生、发散、扩展、聚焦、整合等环节做得不好，原因之一是没有按照正确的方法思考。思考方法同样有工具可以应用。用好了工具，就算项目经理不知道如何组织开会，不知道如何引导员工，一样可以做好项目管理。仅靠项目管理者的能力是不够的，依靠工具，养成用工具的习惯，能减少对能力的要求。

方法与工具

六顶思考帽

六顶思考帽是一种思维工具，用6种颜色的帽子代表6种不同的思维模式。这个工具可以在一个人思考问题的时候应用；也可以作为多人参与的会议中，激发大家思维的工具，有助于思维的发散和聚焦。使用这个工具的关键在于排列不同颜色帽子的顺序，不同的排列顺序，能够达到不同的思维结果。

六顶思考帽图示

中立之帽
（白色）
代表客观和中立
更关注事实、数据等客观事物

想象之帽
（绿色）
代表想象和创造
更关注创意、想法等发散思维

肯定之帽
（黄色）
代表价值和肯定
更关注乐观的、积极的、建设性的部分

否定之帽
（黑色）
代表怀疑和否定
更关注悲观的、消极的、不可行的部分

直觉之帽
（红色）
代表预感和直觉
更关注情感、感受层面的想法

管理之帽
（蓝色）
代表规划和管理
更关注思维的排序、控制、调节

应用解析

六顶思考帽在实施头脑风暴中的应用

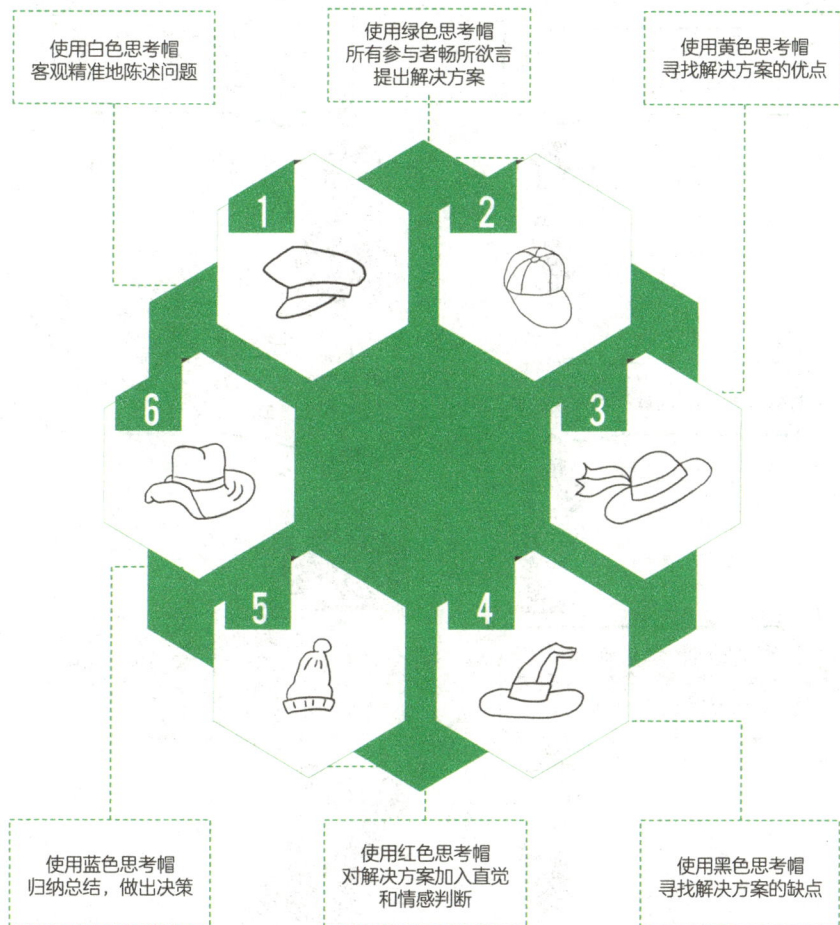

使用白色思考帽
客观精准地陈述问题

使用绿色思考帽
所有参与者畅所欲言
提出解决方案

使用黄色思考帽
寻找解决方案的优点

1

2

6

3

5

4

使用蓝色思考帽
归纳总结，做出决策

使用红色思考帽
对解决方案加入直觉
和情感判断

使用黑色思考帽
寻找解决方案的缺点

小贴士

　　六顶思考帽是个非常灵活的工具，针对不同的场景，解决不同的问题，可以有不同的使用顺序。

　　要想有效应用，团队管理者要掌握六顶思考帽背后的思维逻辑。

3.2.5 如何活跃团队气氛

问题场景

1 我越来越发现管理者和员工之间沟通的重要性。

2 管理者和员工之间的沟通是微观层面的沟通，除此之外，还有宏观层面的沟通。

3 宏观层面的沟通指的是什么？

4 就是组织和员工间的沟通。宏观的沟通形式有很多种，举办集体活动就是其中一种有激励性的方式。

5 我们项目团队偶尔举办培训学习活动的时候，会给员工提供户外训练的机会。

6 除了以学习为目的的培训类活动外，有激励效果的活动一般还要带有一定的休闲娱乐性，帮助员工放松身心。

问题拆解

集体活动不等于培训拓展训练。拓展训练通常具有一定的强制性和目的性，是相对正式的活动，目的可能是做团队建设，也可能是为了解决团队中的某种问题。但具备激励作用的集体活动应是相对比较轻松、比较弹性的。好的集体活动，能吸引员工主动参加。

方法与工具

工具介绍

集体活动

集体活动是一种组织和员工沟通的重要方式。丰富多彩的集体活动能拉近员工间的亲近感，陶冶员工情操，提高员工愉悦感，形成组织文化，增强员工凝聚力，同时也能为员工激励打下坚实基础。员工集体活动的类型并不单一，只要能把员工聚在一起的活动，都算集体活动。

常见 9 种集体活动类型

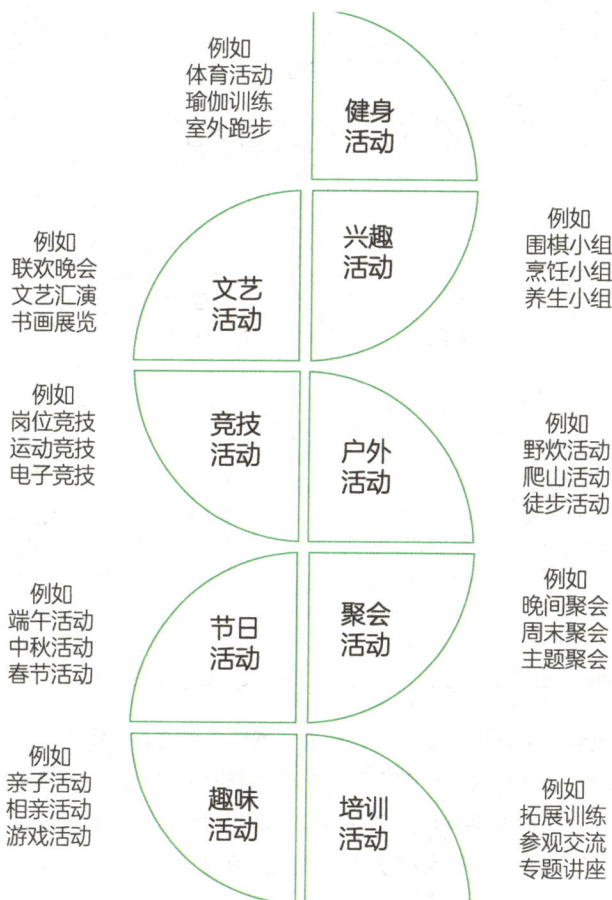

例如
体育活动
瑜伽训练
室外跑步

健身活动

例如
联欢晚会
文艺汇演
书画展览

兴趣活动

例如
围棋小组
烹饪小组
养生小组

文艺活动

例如
岗位竞技
运动竞技
电子竞技

竞技活动

户外活动

例如
野炊活动
爬山活动
徒步活动

例如
端午活动
中秋活动
春节活动

节日活动

聚会活动

例如
晚间聚会
周末聚会
主题聚会

例如
亲子活动
相亲活动
游戏活动

趣味活动

培训活动

例如
拓展训练
参观交流
专题讲座

应用解析

举例：阿里巴巴公司的集体活动

阿里的兴趣派是按照个人兴趣，自发组织成立、自主管理的兴趣团体，作为内部独立社群，是帮助阿里人在工作之余找到共同业余快乐的有效方式。

每年5月10日是阿里精神日，简称"阿里日"。这一天也是阿里开放日。阿里人会感恩家人，所有的园区办公区域向家人开放。

阿里巴巴每年的年会，都有节目表演并且公司的高层领导也会参与。

兴趣派

阿里日

阿里巴巴员工有两个生日，一个是自己出生的日子，另一个是进入阿里巴巴的日子。

年会日

年陈日

团队建设

集体婚礼

阿里巴巴每年一次的外出活动以及丰富多彩的团队活动，能够提升阿里人的团队凝聚力，促进阿里人更好地提升团队间的配合，更有效地推动公司发展。

每年5月10日同时也是阿里巴巴举办集体婚礼的日子。这是阿里巴巴汇聚爱、传递爱、感受爱的特殊方式。

小贴士

举办集体活动时要注意，不要想当然地举办活动，不要占用员工个人时间举办活动，也不要围绕少数管理层的意见举办活动，应当举办大多数员工喜欢的活动，举办能够满足大多数员工需求的活动，举办能解决大多数员工问题的活动，举办能针对大多数员工痛点的活动。

3.3 项目会议管理

会议是项目管理中的重要沟通形式之一。然而很多项目经理不知道如何运用会议高效沟通，造成了项目中很多会议沟通效率低，虽然花费大量时间开会，却常常出现会议后没有结果的情况。有效实施项目会议管理，要分别做好会议开始前、进行中和结束后的管控。

3.3.1 如何做好会前准备

问题场景

1 项目经理要怎么做好会议管理呢?

2 可以从3个角度思考,分别是会前管理、会中管理和会后管理。

3 会前管理主要是提前定好会议的时间、地点和参会人员吧?

4 不全是,会前管理的第1步,其实是确定要不要开会。

5 啊? 对,很有道理,有些事可能根本不需要开会。

6 是的,开会的管理成本是很高的,能少开会就少开会,能不开会就不开会。

问题拆解

　　开会是一种多人沟通形式,需要耗费所有参会人员的时间,沟通成本较高。开会的目的是沟通,但沟通的形式有很多种,开会只是其中一种。如果有更高效的形式能达到沟通目的,就没有必要通过开会沟通。

方法与工具

工具介绍

项目会前管理

项目会议管理的第一个环节是项目会前管理。在项目会议开始前，要评估会议的必要性，要确定会议的目的和预期；要设计会议的议程，确定每项议程需要花费的时间；要根据会议目的和预期确定参会人员；要计划好召开会议的时间，提前安排好会议场地和设备。

项目会前管理的 4 个关键

首先探讨是否必须开会，取消掉不必要的会议。如果必须开会，明确开会的目的。开会的目的决定了会议的预期。

针对开会的目的，设计会议的议程。会议的议程要紧贴会议的预期，而且要在开会前充分讨论每项会议议程的时间，保持会议过程紧凑高效。

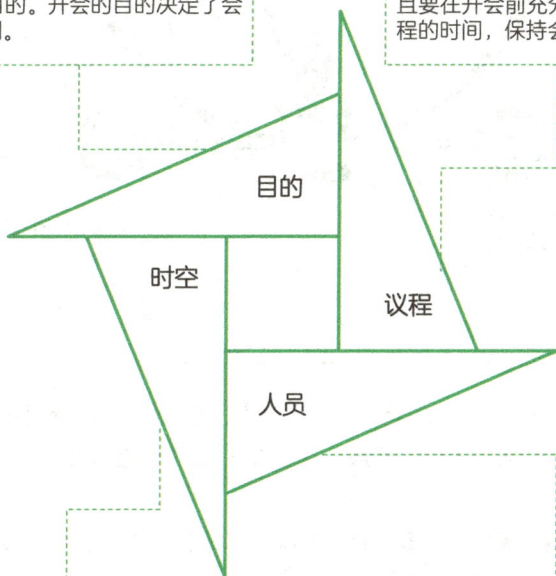

目的

时空

议程

人员

根据会议目的、预期和参会人员情况，设计会议召开的时间和地点，提前做好会场布置，提前准备会议需要的设备或道具。

相关人员才有参会必要，无关人员不需参与。会议主持人、发起人和策划人都是决定会议成败比较重要的角色，应谨慎选择。

应用解析

适合召开会议的 4 种情况

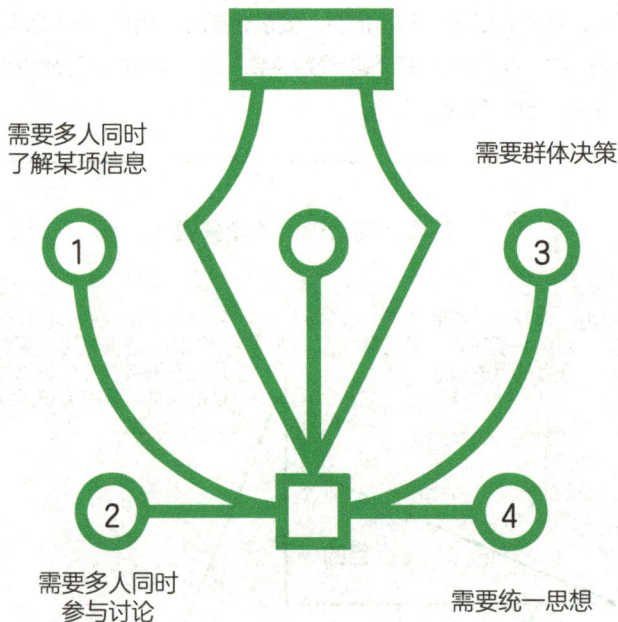

需要多人同时
了解某项信息

①

需要群体决策

③

②

需要多人同时
参与讨论

④

需要统一思想

> **小贴士**
>
> 　　会议不应随意发起。在团队中，如果要解决的问题只需要在团队管理者和某个下属之间沟通，最好不要通过开会的方式解决，在两个人之间沟通就可以。
>
> 　　如果觉得这个问题很重要，有必要让其他员工知道，可以在萃取经验之后，在别的会议上公布解决问题的过程和结果，供团队参考，而不需要让其他人也参与到这个问题解决的过程中。
>
> 　　如果需要多人参与解决问题，可以在相关的多人之间发起临时会议，不相关的人不需要参加。

3.3.2　如何把控会议节奏

问题场景

1　会议的前期准备工作是最重要的，前期工作到位了，基本就成功了。

2　也不能这么说，会议过程管控也同样重要。

3　会议过程管控主要是保证会议如期正常举办吧？

4　更重要的是把握会议的整体节奏，让会议受控。

6　项目会中管理主要管理从输入到输出的过程，保证会议获得预期的输出。

5　怎么理解呢？

问题拆解

　　所有会议都有输入和输出，从输入到输出，需要加工过程。项目会中管理，就是要管好会议的输入，保证项目从输入到输出的加工过程足够稳固，从而保证项目获得所想的输出。

方法与工具

工具介绍

项目会中管理

项目会议管理的第 2 个环节是项目会中管理。在项目会议运行过程中，要保证所有参会人员按时到场，避免浪费时间；要保持会议按预定节奏进行，若有变化及时调整会议规划；要保证相关人员参与到项目中；要保证会议有阶段性总结，要有落实行动的责任人。

项目会中管理的 4 个关键

在会议正式开始前，做好会议通知和提醒工作，保证所有参会人员按时到场，按时开始会议，避免因少数人未到场造成多数人的时间被耽误。

会议主持人或发起人要保证会议按照议程顺序和预定时间进行，确保会议节奏正常。如果临时调整，应征得所有参会人员同意，并重新规划会议。

守时　　节奏

总结　　参与

会议运行过程中要有阶段性总结。会议接近尾声时要有最终总结。会议结束后要形成明确的决定，每项工作要有约定时间和具体责任人。

保证每名参会人员真正参与到会议当中，如果有讨论或提意见的环节，确保需要表态的相关参会人员有发表意见的机会。

应用解析

会议输出的重点内容

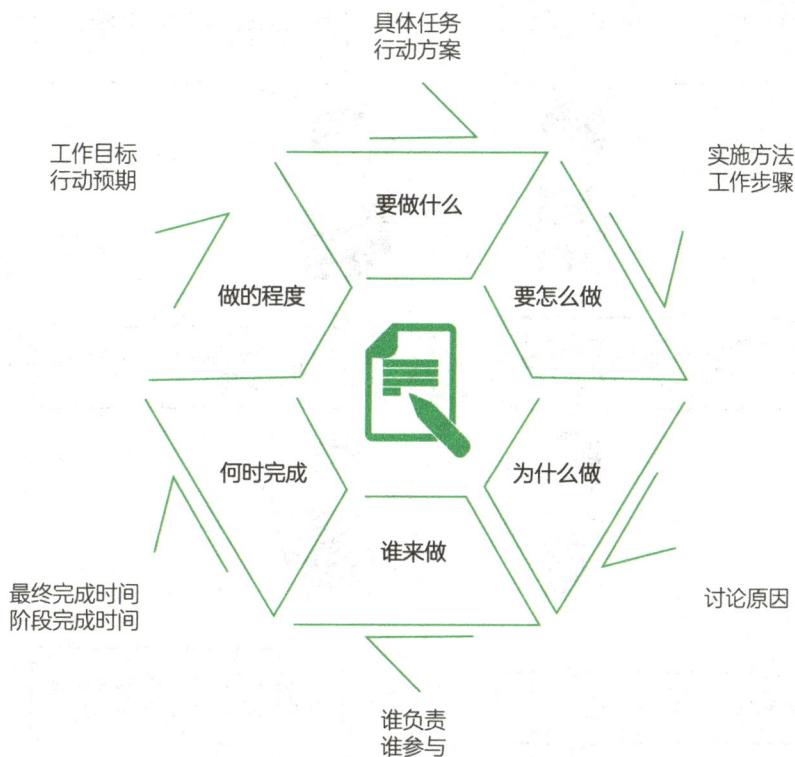

具体任务
行动方案

工作目标
行动预期

实施方法
工作步骤

要做什么

做的程度

要怎么做

何时完成

为什么做

谁来做

最终完成时间
阶段完成时间

讨论原因

谁负责
谁参与

小贴士

会议的输入，指的是所有开会需要的组成要素，包括会议主题、参会人员、会议流程等（前文已经分别讲过）；会议的输出指的是会议的产出结果。这里的结果除了某种结论或某个方案外，还需要有具体的行动要求和工作安排。有了这些，会议结果才有可能落地。

做好了会议的所有输入，经过到位的会议过程管控，才会有预期的输出。

为了便于对会议结果评估，会议输出应当以会议纪要的形式出现。

3.3.3　如何实施会后追踪

🔒 问题场景

1
会议结束后的主要工作是落实会议中每项工作内容达成的目标吧？

2
评价结果确实重要，管控过程也同样重要。

3
这个我懂，没有过程哪来的结果嘛，但怎么管控过程呢？

4
可以通过观察相关责任人的行为来管控过程。

5
观察行为？谁来观察呢？

6
会后的每项工作内容都要有监督人，监督人要做好监督。

问题拆解

　　项目会后管理的核心是抓落实。项目会议结束后，会议纪要中不仅要包含各项待落实的工作，还要包含每项工作任务的监督人。监督人要落实监督的责任。监督的关键不仅是监督结果，还包括监督过程。

方法与工具

工具介绍

项目会后管理

项目会议管理的第 3 个环节是项目会后管理。在项目会议结束后，要形成完整翔实的会议纪要，并发送给所有相关人员；要根据会后形成的行动计划，落实相关责任人的行动；要追踪相关责任人是否按预定时间，达成预期结果；要根据会议工作落实情况反映出的问题，做项目工作和项目会议管理的改进。

项目会后管理的 4 个关键

不是每次会议都能获得成功，也不是每项工作都能得到落实。那些在项目会议中表现出来的问题，可以为之后的会议管理或项目管理提供依据。

项目会议结束后，要形成会议纪要，记录会议的重点决议，形成下一步的工作内容或行动计划，并将会议纪要发给所有参会人员及相关人员。

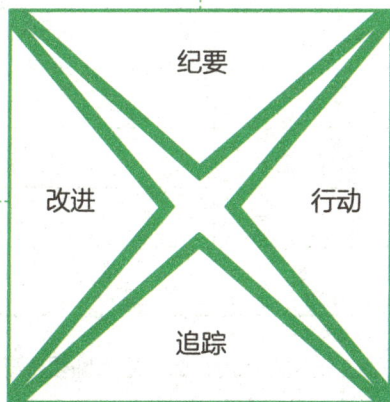

```
纪要
改进      行动
追踪
```

责任人不仅要有行动，还要有结果。根据工作内容对应的约定时间，追踪责任人的结果同样是会议结束后要落实的工作。

有对的行动过程，才有对的结果，会后监督人要观察和监督相关责任人是否在会议结束后按照会议的决议要求落实行动。

应用解析

会议纪要模板

会议主题			会议记录人		
会议时间			会议地点		
参会人员					
会议纪要报送部门					

序号	会议议题	结果/结论	对应工作目标	对应工作任务	工作任务完成时间	任务责任人	任务监督人
1							
2							
3							
4							
5							
6							
7							
8							

小贴士

无论会议的目的、主题和目标是什么，最后都要有某种输出。会议输出除了某种结论或某个方案之外。还需要有具体的行动要求和工作安排。明确了这些要求和安排后，下属们才清楚会议之后具体要做什么，可以分头落实，会议结果才有可能落地。

会议纪要既不是越复杂越好，也不是内容记录得越详细越好，应根据需要设计会议纪要的格式。

04

项目时间管理 ————

💎 **本章背景**

1　我们很多项目总在时间进度上出问题，定好的时间总是不能按期完成。我看就是项目经理不重视。

2　这也许不是态度问题，而是能力问题。

3　是能力问题？你的意思是项目经理的能力不足？

4　嗯，很可能是项目经理在时间管理方面出了问题。

5　怎么提高项目经理的时间管理能力呢？

6　可以从3个维度入手，分别是规划、技巧和评估。

背景介绍

　　项目的时间进度出问题，很可能是项目经理的时间管理能力不够。项目时间管理，是项目经理根据项目运行情况，管控项目进度的方法。项目经理应掌握的时间管理能力包括时间管理的规划、时间管控技巧和时间管理评估。

4.1　时间管理规划

　　项目的时间进度需要规划。项目时间管理的第一步是项目经理对时间的规划。通过安排项目时间，可以规划项目进度。通过估算项目工期，可以确定项目耗时。通过编制时间计划，可以合理安排项目的各项任务。

4.1.1　如何安排项目时间

问题场景

1　为什么我们很多项目的计划和实际总是存在比较大的差异。

2　这除了时间管理的原因外，还有可能是在制订项目时间计划时就出了问题。

3　对，我看就是因为项目经理一开始压根没定好时间进度。

4　要解决这个问题，可以教会项目经理如何使用甘特图。

5　甘特图确实是个好工具，很多项目经理其实都知道，但平常就是不用，没有养成用这个工具的习惯。

6　可以尝试将工具固化下来，变成项目经理管理流程中的一部分，变成一种不得不用的工具。

问题拆解

　　经典工具都是基于问题场景出现的，项目经理不仅要了解，更要学着应用。知道和做到是两回事，依靠项目经理的自觉并不能让工具得到最有效的运用。将工具固化，变成项目经理管理流程中必须要做的环节，有助于将工具真正落地。

方法与工具

工具介绍

甘特图（Gantt chart）

甘特图是用亨利·劳伦斯·甘特（Henry Laurence Gantt）的名字命名的一种工具，是用条状图来反映项目中各项任务随时间进度变化情况的图形。甘特图适合用在项目管理中表示各项工作任务的时间进度。

甘特图中包含 3 个关键元素。

1. 内容：工作结构分解的各项工作内容。

2. 时间：涵盖项目整体跨度的时间分布。

3. 进度：各项工作任务的时间进度情况。

有的甘特图中还包括每项工作内容计划完成情况和实际完成情况的对比，有的还包括每项工作内容的费用预算情况。

甘特图的示意图

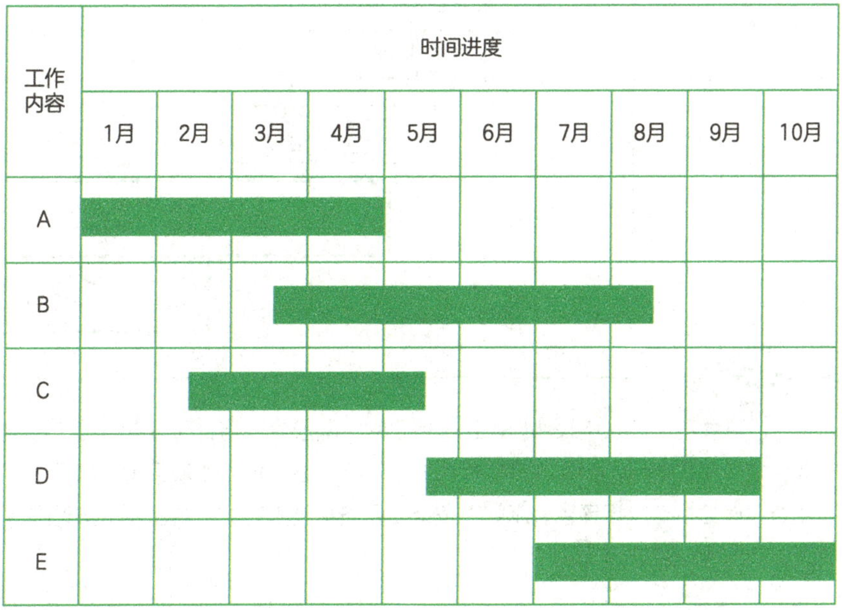

工作内容	时间进度									
	1月	2月	3月	4月	5月	6月	7月	8月	9月	10月
A	███	███	███	███						
B			███	███	███	███	███			
C		███	███	███						
D					███	███	███	███		
E							███	███	███	███

应用解析

案例：某项目的甘特图

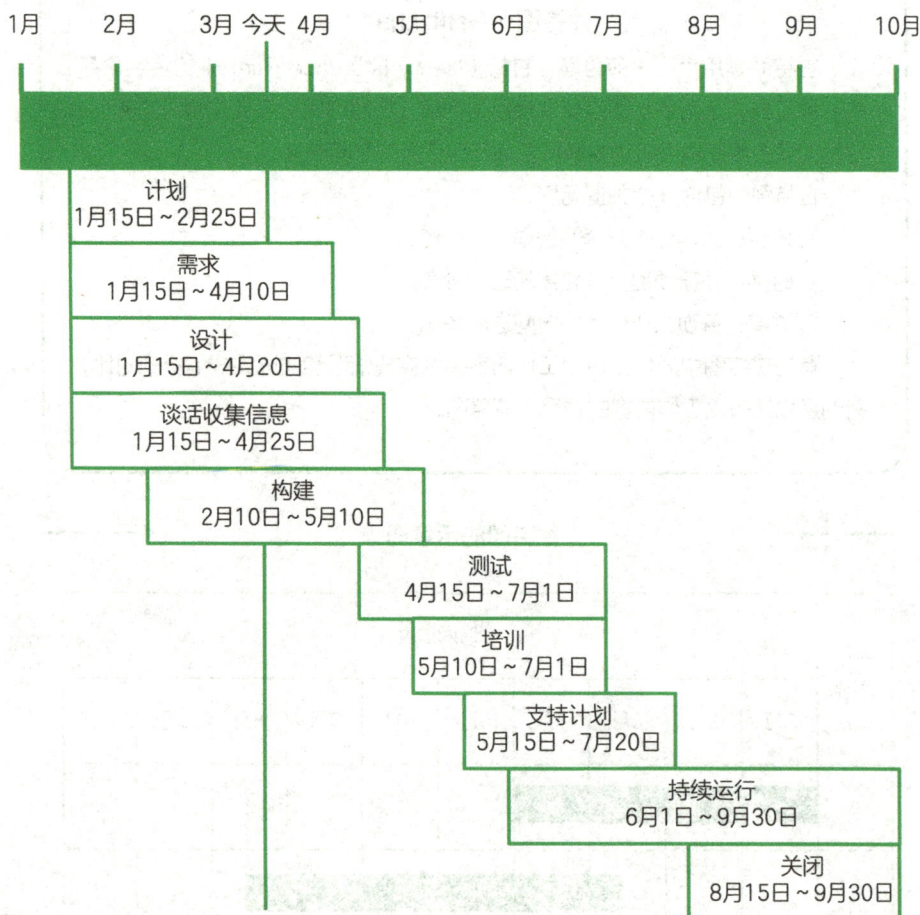

| 1月 | 2月 | 3月 | 今天 | 4月 | 5月 | 6月 | 7月 | 8月 | 9月 | 10月 |

计划
1月15日~2月25日

需求
1月15日~4月10日

设计
1月15日~4月20日

谈话收集信息
1月15日~4月25日

构建
2月10日~5月10日

测试
4月15日~7月1日

培训
5月10日~7月1日

支持计划
5月15日~7月20日

持续运行
6月1日~9月30日

关闭
8月15日~9月30日

小贴士

　　甘特图不仅可以用来体现各工作项目的时间进度计划，还可以通过在已经完成或正在运行的工作事项方框内加入颜色，表示各工作项目完成情况的质量。例如，可以用绿色表示如期按计划和质量要求完成，黄色表示出现问题，红色表示决定终止。

4.1.2 如何估算项目工期

问题场景

1
我们项目经理估算的工期总不准，有时候找专家或团队内部讨论，预测出来的工期也不准。

2
专家意见和内部讨论主要是让信息更丰富，防止考虑不周，但最后决策还是要靠科学的计算方法。

3
用什么科学的方法能把工期估算准呢？

4
可以用三点工期估算法。

6
就是首先定义出乐观、悲观和最可能这3种情况，以这3种情况为基准数据计算工期。

5
那是什么？

问题拆解

估算项目工期不能只靠拍脑袋，项目经理的个人经验、专家经验和项目团队的内部讨论都可以作为确定项目工期的参考依据。综合考虑这些信息后，估算项目工期可以采取三点工期估算法。

方法与工具

工具介绍

三点工期估算法

三点工期估算法是以乐观（最好的）、悲观（最差的）和最可能（最大概率出现的）3种情况为基准数据点，计算项目工期的方法。

三点工期估算法中的乐观、悲观和最可能的数据点可以来源于项目经理的个人经验、专家经验和项目团队的内部讨论等。

三点工期估算法的公式

乐观情况

工期

A

最可能的情况

工期

B

悲观情况

工期

C

$$工期估算值 = \frac{A + 4 \times B + C}{6}$$

应用解析

估算工期需要考虑的 4 大要素

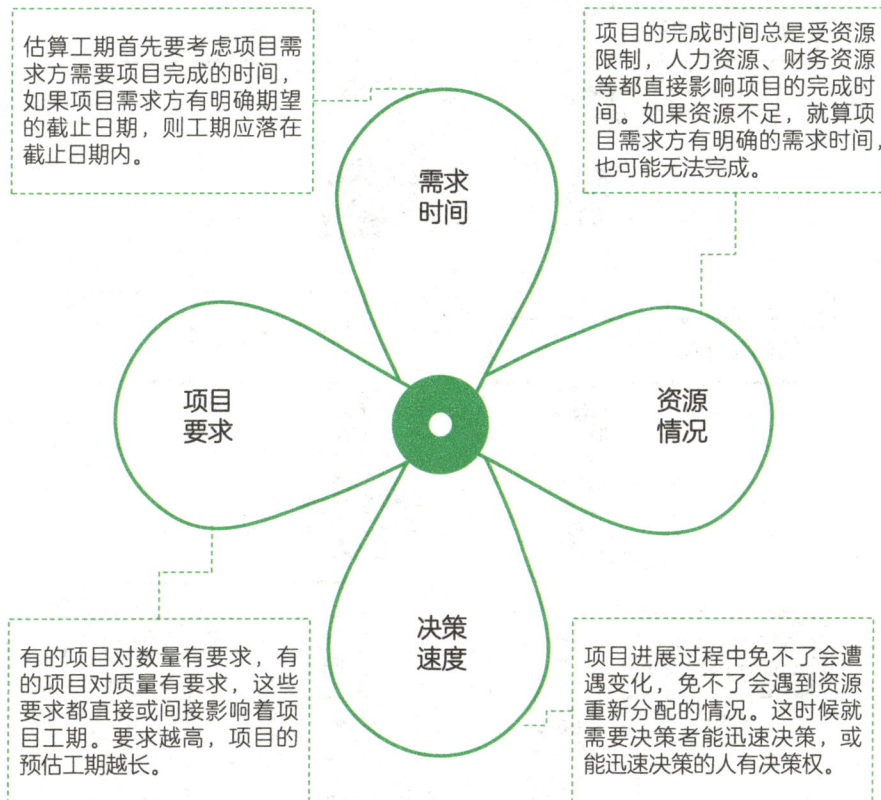

估算工期首先要考虑项目需求方需要项目完成的时间，如果项目需求方有明确期望的截止日期，则工期应落在截止日期内。

项目的完成时间总是受资源限制，人力资源、财务资源等都直接影响项目的完成时间。如果资源不足，就算项目需求方有明确的需求时间，也可能无法完成。

需求时间

项目要求

资源情况

决策速度

有的项目对数量有要求，有的项目对质量有要求，这些要求都直接或间接影响着项目工期。要求越高，项目的预估工期越长。

项目进展过程中免不了会遭遇变化，免不了会遇到资源重新分配的情况。这时候就需要决策者能迅速决策，或能迅速决策的人有决策权。

小贴士

　　估算项目工期要以项目中的工作内容为基准。这些工作内容"如何做"和"由谁做"是估算工期的基础。"如何做"是方法问题，"由谁做"是能力问题，方法对了，能力到了，项目工期可能会缩短；方法不对，能力不到，则项目工期可能会延长。

4.1.3 如何编制时间计划

问题场景

1 估算出项目每项工作任务的工期，相加后就知道项目总工期了。

2 简单相加是不对的，因为有很多工期是重叠的。

3 那项目总工期应该怎么计算呢?

4 项目中耗费时间最长的那个流程决定了项目的工期。

5 那只要确定耗时最长的任务，项目的总工期就确定了。

6 原则上是这样，但在真实的项目中，工期总是可以视情况调整的。

问题拆解

项目总工期是由项目中各项工作任务的工期共同决定的。耗费时间最长的任务流程对项目总工期有着决定性影响。不同工作任务的工期并不是一成不变的，通过缩减或增加工期，可以安排出项目时间计划的最佳方案。

方法与工具

工具介绍

关键路径

　　在项目管理中，不同时间周期的工作任务按照逻辑顺序结构可以划分成不同的路径。其中，工期总和最长的那条路径决定了整个项目的最短用时，那条路径被认为是关键路径。关键路径上各项工作的完成时间，决定了项目的总时间。关键路径上的工作如果出现延误，则项目总时间也会相应延误。

关键路径示意图

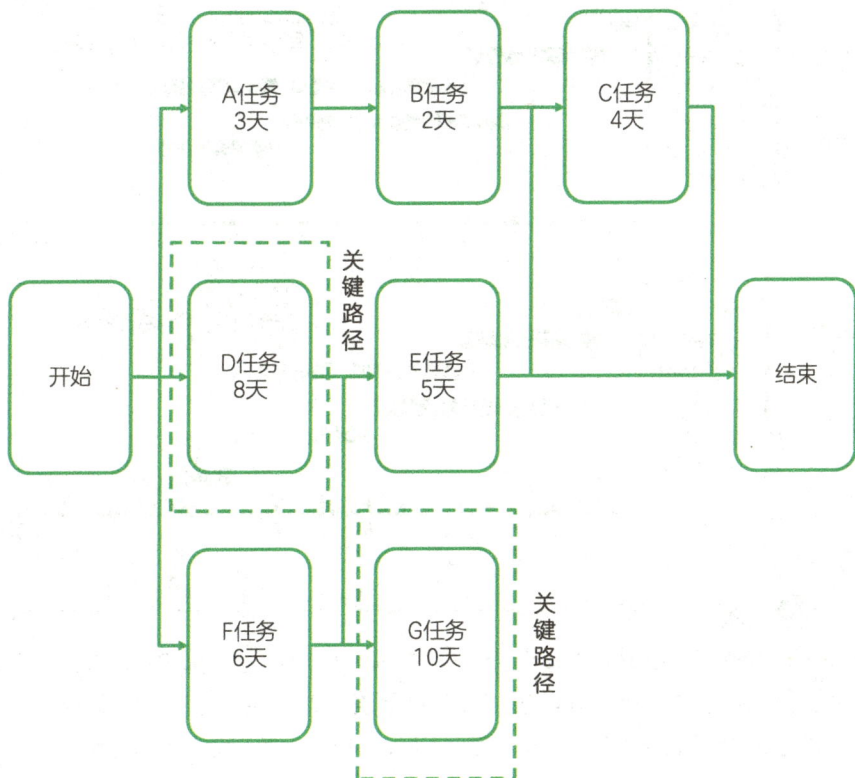

```
        ┌────────┐     ┌────────┐     ┌────────┐
        │ A任务   │────▶│ B任务   │────▶│ C任务   │
        │ 3天     │     │ 2天     │     │ 4天     │
        └────────┘     └────────┘     └────────┘

┌──────┐    ┌────────┐  关键  ┌────────┐         ┌────────┐
│ 开始  │───▶│ D任务   │  路径  │ E任务   │────────▶│ 结束    │
│       │    │ 8天     │        │ 5天     │         │        │
└──────┘    └────────┘        └────────┘         └────────┘

            ┌────────┐     ┌────────┐  关键
            │ F任务   │────▶│ G任务   │  路径
            │ 6天     │     │ 10天    │
            └────────┘     └────────┘
```

应用解析

案例：某项目时间安排

某项目需要设计和制造ABC3种产品，设计师甲专门负责设计，制造者乙专门负责制造。将3种产品时间计划与改进如下。

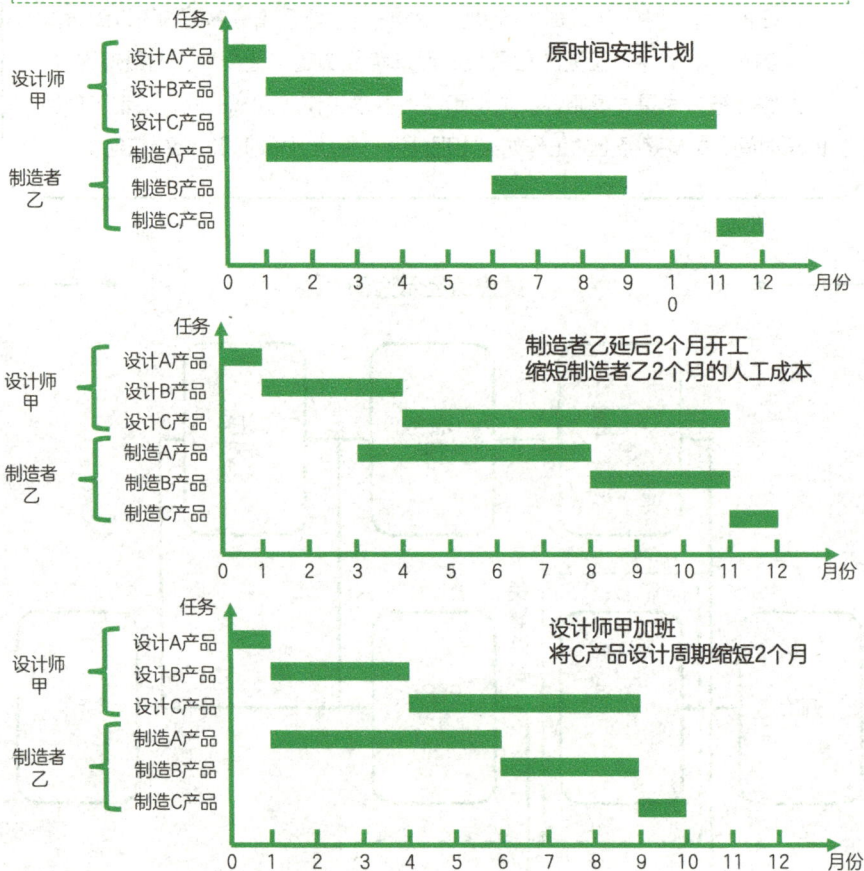

任务

原时间安排计划

设计师甲	设计A产品
设计师甲	设计B产品
设计师甲	设计C产品
制造者乙	制造A产品
制造者乙	制造B产品
制造者乙	制造C产品

0 1 2 3 4 5 6 7 8 9 10 11 12 月份

任务

制造者乙延后2个月开工
缩短制造者乙2个月的人工成本

设计师甲
设计A产品
设计B产品
设计C产品
制造者乙
制造A产品
制造B产品
制造C产品

0 1 2 3 4 5 6 7 8 9 10 11 12 月份

任务

设计师甲加班
将C产品设计周期缩短2个月

设计师甲
设计A产品
设计B产品
设计C产品
制造者乙
制造A产品
制造B产品
制造C产品

0 1 2 3 4 5 6 7 8 9 10 11 12 月份

小贴士

　　时间管理的方法不仅适用于个人，在与别人交流时也是适用的。将心比心，当人们希望别人尊重自己的时间时，也要尊重别人的时间；当人们希望自己不被别人轻易打扰时，也不要轻易打扰别人；当人们会因为自己重要的工作拒绝别人时，也要尊重别人的拒绝。

4.2　时间管控技巧

　　项目时间管理计划定好后，接下来项目经理要有效管控时间。在管控时间方面，项目经理要有能力分清工作主次；当出现紧急工作时，要有能力应对；团队工作效能低时，要能够帮助团队提高工作效能。

4.2.1 如何分清工作主次

问题场景

1 项目经理总说项目上的工作太多，做不完，感觉时间不够用。我带过项目，确实很容易这样。

2 其实，工作就是做不完的。无论怎么努力，总会有新的工作跑出来。

3 你说得太真实了，我也发现了，那该怎么办呢？

4 最好的办法就是分清楚工作的主次，先做那些重要的工作。

5 难道那些不重要的工作就要被忽略掉吗？

6 如果时间不够，不重要的工作确实可以被忽略掉。

问题拆解

在项目实施过程中，难免会出现比较多的工作内容。时间是有限的资源，但要做的工作可能是无限的。当工作内容较多时，项目经理和项目成员应分清主次，把时间用在重要的、有价值的工作上。

方法与工具

工具介绍

ABC 管理法

ABC 管理法也叫 ABC 分类法、帕累托分析法或主次分类法，指的是通过定义工作项目的重要程度，对工作分类。通用的 ABC 管理法是将工作项目分成 ABC3 类，实际应用时也可以分成 A、B 两类或 A、B、C、D4 类。如果分 3 类，A 类指最重要的工作，C 类指最不重要的工作。

ABC 管理法示意图

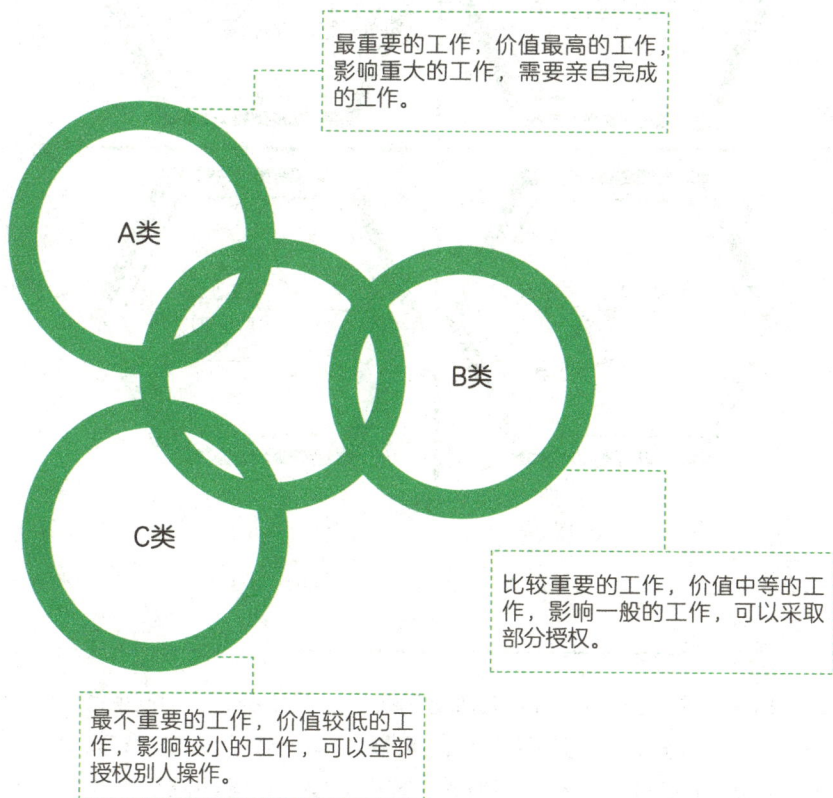

最重要的工作，价值最高的工作，影响重大的工作，需要亲自完成的工作。

A类

B类

C类

比较重要的工作，价值中等的工作，影响一般的工作，可以采取部分授权。

最不重要的工作，价值较低的工作，影响较小的工作，可以全部授权别人操作。

应用解析

时间管理矩阵

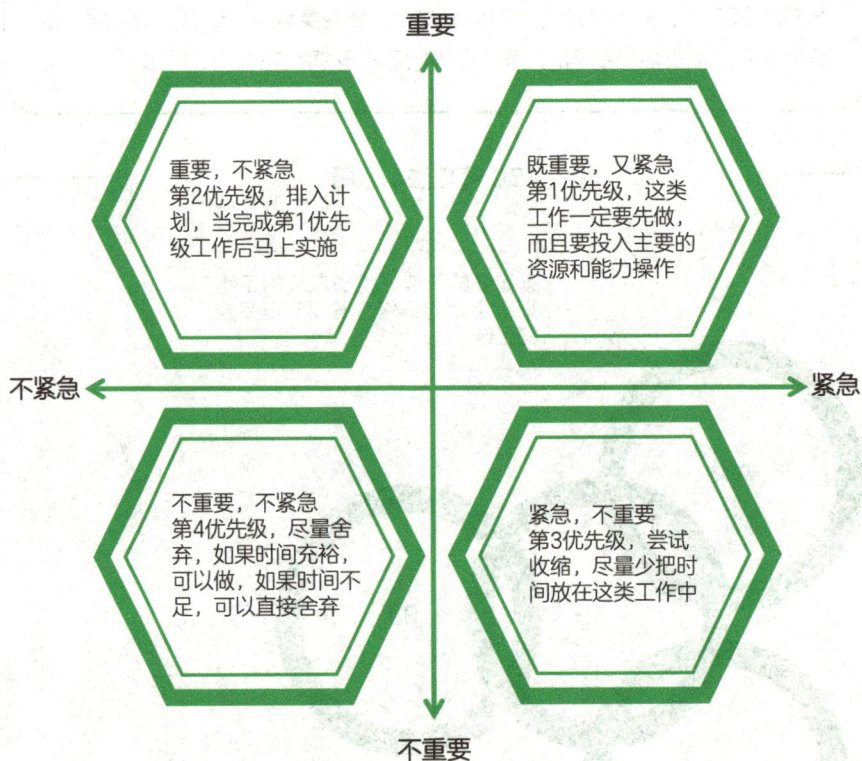

重要

重要，不紧急
第2优先级，排入计划，当完成第1优先级工作后马上实施

既重要，又紧急
第1优先级，这类工作一定要先做，而且要投入主要的资源和能力操作

不紧急 ← → 紧急

不重要，不紧急
第4优先级，尽量舍弃，如果时间充裕，可以做，如果时间不足，可以直接舍弃

紧急，不重要
第3优先级，尝试收缩，尽量少把时间放在这类工作中

不重要

小贴士

　　时间不属于任何人，任何人都没有能力让时间停下来。时间就摆在那里，不论人们做什么，它都在流逝。所谓的时间管理，与其说是在管理时间，不如说是在管理自己。时间管理的本质，是人们如何安排自己的生命。

4.2.2　如何应对紧急工作

问题场景

1 很多人知道不应该只把时间用来做紧急但不重要的工作，比如我吧，经常被紧急的、临时的工作牵扯时间。

2 所以应该刻意避免让这类工作再占用自己的时间。

3 可我们多数时候是身不由己啊，不是我们去找事情，是事情来找我们。这种情况怎么办呢？

4 可以提前做好应对紧急、临时工作的预案，当这类事情发生时，应对起来就会比较从容。

5 提前做预案？这个思路好，可既然是紧急的、临时的工作，我们不确切知道具体是什么，怎么做预案呢？

6 这里不是具体工作的应对预案，而是在时间分配方面的预案，例如可以每天给时间安排留有余地，专门用来应对这部分工作。

问题拆解

　　紧急的工作虽然是临时发生的，但不代表发生时人们只能被动接受。通过提前做好应对紧急工作的预案，人们可以在这类工作发生时较好地应对和处理，让自己原本正常的工作节奏不会被紧急的工作打乱。

方法与工具

工具介绍

时间预案

时间管理需要预案。安排每天的工作时间时，可以事先为紧急的、临时的工作安排出时间分配方面的应对预案。当这类工作出现时，可以通过预留工作时间、采取适度授权或暂时将其搁置等多种方式应对。

应对紧急工作的 4 大原则

有的人面对紧急的工作只会一味被动地接受，实际上，有些工作可以说不。有效的拒绝，能把很多实际上不必要的工作拒之门外。

对待紧急的工作，如果无法拒绝，可以采取适度拖延的策略。先完成手头重要的工作后，再开始做紧急的工作。

学会拒绝

适度拖延

保持节奏

有条不紊

为保证工作效率，应尽量避免自己原本的工作节奏被打乱，尽量遵循原本规划安排好的时间开展工作。

保持条理性，保持整洁规范，删除不必要的信息，养成良好的工作习惯，有助于应对紧急的工作。

应用解析

避免时间被干扰的 4 个关键

在安排时间时，可以每天预留部分时间处理临时工作。当没有临时工作时，这部分时间用来做重要工作，有临时工作时，用来做临时工作。

不是所有工作都需要自己做，对于管理者来说，可以通过向下授权的方式来应对临时的工作，从而防止自己的时间被侵占。

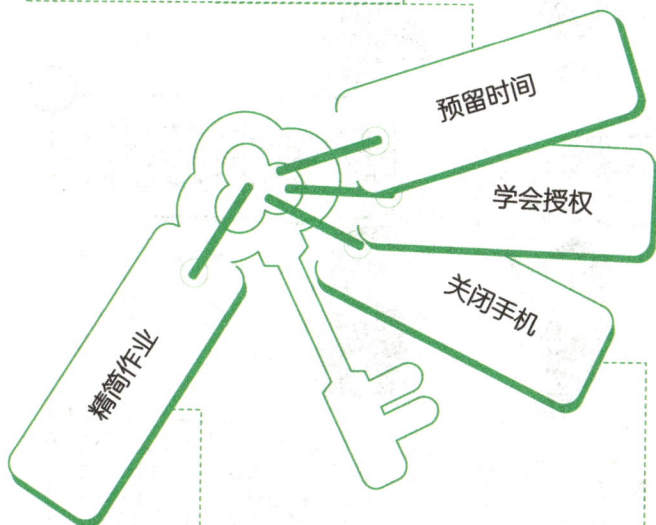

预留时间

学会授权

关闭手机

精简作业

如果某人同时负责的事务较多，则时间被临时干扰的可能性就比较大。通过精简作业，专注较少的事物，被临时干扰的可能性将减小。

手机对时间的干扰不仅是电话或短信，各类应用软件非常占用人们的时间。为避免自己在某段时间内被打扰，可以关闭手机。

小贴士

紧急的工作是被动的，但人的选择是主动的。在如何运用时间方面，人们总是可以选择的。如果选择随波逐流，则是将自己的选择权交给别人。失去选择权，意味着失去掌控权，时间管理必将以失败告终。

4.2.3 如何抓准主要工作

问题场景

1 很多员工的悟性真差，我们很多项目经理说什么员工都听不懂。我看是员工领悟能力不够，一件事说半天也抓不住重点。

2 这如果是个普遍现象，有可能是项目经理的表达能力有问题。

3 什么？你说这是项目经理的问题？

4 依靠员工的悟性、揣摩来理解管理者的话是一件很不靠谱的事，用这个来评价员工也是有问题的。

NO!

5 为什么？我身边很多管理者都这样。

6 与其追求员工"听得懂"，不如追求自己"说得清"。对员工表达清楚自己的想法，让员工清楚工作要务是管理者的必备技能。

问题拆解

　　员工不清楚管理者想表达什么，这种情况多半不是员工的问题，而是管理者的问题。员工的理解能力很难通过管理者的影响而提升，但管理者的表达能力却可以通过个人的努力来提高。管理者与其靠员工的悟性、揣摩来理解自己的真实意图，不如一开始就把重点说清楚。

方法与工具

工具介绍

工作要务

工作要务也叫工作重点，是岗位能够创造价值的最重要的工作。根据二八定律，20% 的重点工作创造 80% 的主要价值。工作要务指的正是那20% 的重点工作。管理者要让员工清楚其岗位的工作要务。员工自己也要清楚自己的工作要务。如果管理者的表达不清，抓不住重点，员工就不知道该如何开展工作。

工作要务的 3 定律

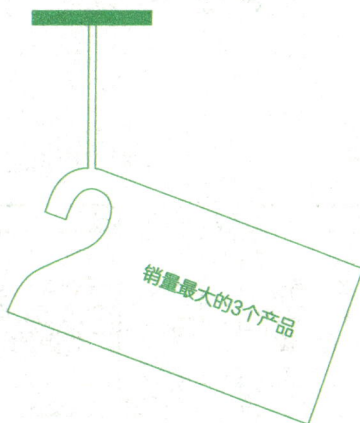

当前最重要的3件事

销量最大的3个产品

成本最高的3个环节

要务为什么用数字3？3是个神奇的数字，当把3个维度放在一起的时候：
1.员工最容易重视；
2.员工最容易记住；
3.员工最容易行动

应用解析

管理者常见的 3 大错误

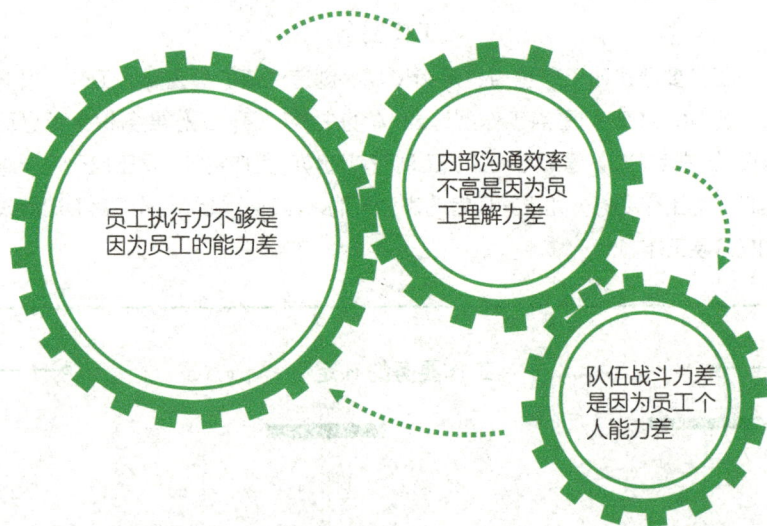

员工执行力不够是因为员工的能力差

内部沟通效率不高是因为员工理解力差

队伍战斗力差是因为员工个人能力差

检验工作要务的方法

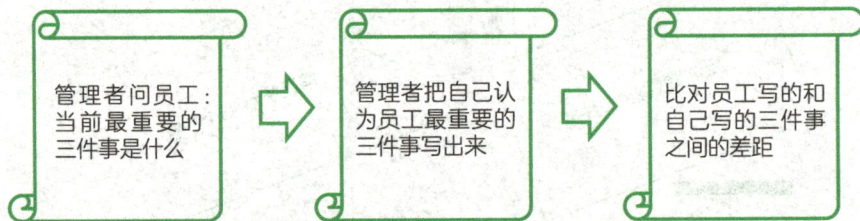

管理者问员工：当前最重要的三件事是什么

➡

管理者把自己认为员工最重要的三件事写出来

➡

比对员工写的和自己写的三件事之间的差距

评判标准：
差距越大，说明团队沟通效果越差；
差距越小，说明团队沟通效果越好

小贴士

　　员工对工作目标的理解直接影响着员工的绩效，间接影响着公司的效率和组织能力。让员工知道工作要务是什么，什么工作最重要，应该做什么，是管理层必须要做的事。向员工表达清楚工作要务，是一切员工激励的基础。

4.2.4 如何提高工作效能

问题场景

1. 我们有些项目团队中很多人的工作效能低，单位时间产出结果不佳，这种情况有什么办法能改善呢？

2. 具体表现是什么呢？

3. 按理说给这些人安排的工作应该能完成，但结果是要么没完成，要么完成质量不佳。

4. 这也许是因为这些人不懂如何合理利用时间，不知道如何在工作效能最高的时间段做重要的工作。

5. 你这么说很有道理，上午一上班这段时间工作效能比较高，但我们的项目经理一般都安排开会了。

6. 每个人的生物钟不一样，应培养团队成员找到每天工作效能最高的时间段，在这些时间段做重要的工作。

问题拆解

　　项目经理或项目成员的工作效能低往往与不懂如何有效运用时间、没有在工作效能最高的时间段高效工作有较强关联。人们在不同时间段的工作效能是不同的，在工作效能比较高的时间段工作，工作完成的质量会比较高，在工作效能比较低的时间段工作，工作完成的质量可能会比较低。

方法与工具

工具介绍

工作效能曲线图

要提高工作质量，人们可以先分析自己不同时间段的工作效能，给工作效能赋值，得到不同时间工作效能曲线图，从而根据不同时间段的效能高低来安排工作。

例如，某人上午 8~10 点是一天中工作效能最高的时间，可以在这段时间做最重要的工作，下午 13~15 点是一天中工作效能最低的时间，可以在这段时间做最不重要的工作，晚上 0 点到早上 5 点的工作效能为负数，这段时间不应安排加班。

工作效能曲线图

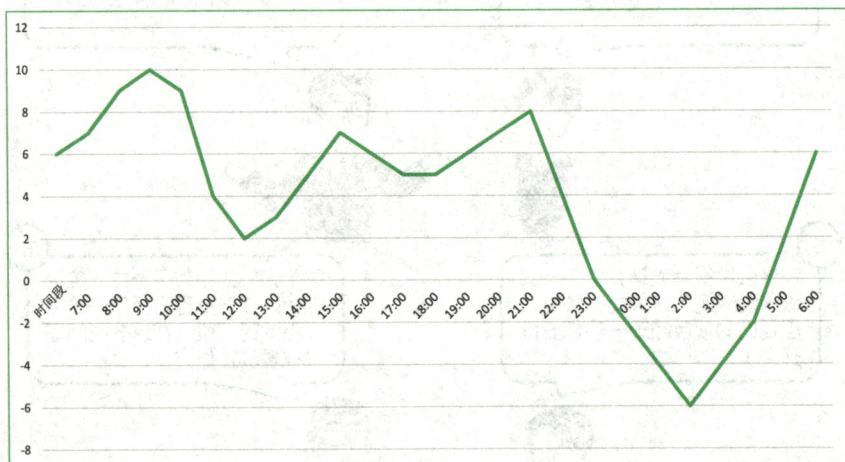

工作效能	6	7	9	10	9	4	2	3	5	7	6	5
时间段	7:00	8:00	9:00	10:00	11:00	12:00	13:00	14:00	15:00	16:00	17:00	18:00
工作效能	5	6	7	8	4	0	-2	-4	-6	-4	-2	2
时间段	19:00	20:00	21:00	22:00	23:00	0:00	1:00	2:00	3:00	4:00	5:00	6:00

应用解析

举例：ABC 管理法与工作效能曲线图应用

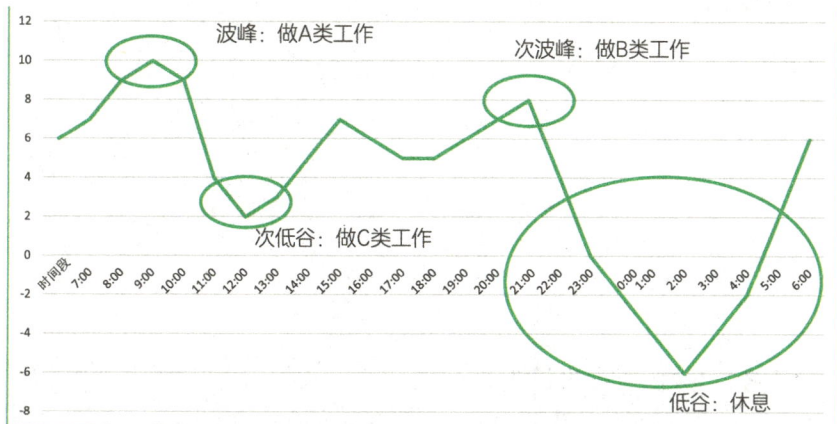

波峰：做A类工作

次波峰：做B类工作

次低谷：做C类工作

低谷：休息

举例：时间管理矩阵与工作效能曲线图应用

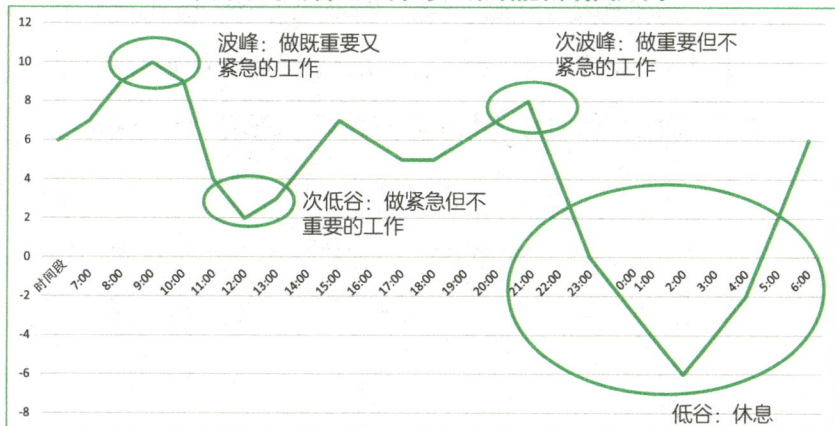

波峰：做既重要又紧急的工作

次波峰：做重要但不紧急的工作

次低谷：做紧急但不重要的工作

低谷：休息

小贴士

工作效能曲线图的本质是一种时间管理的方法论。每个人在每天不同时间段的工作效能是不同的，项目经理应把工作效能曲线图的方法传授给整个项目团队成员，让每个团队成员学会这种方法，而不是一味要求每个人按照某个固定时间段从事重点工作。

4.3 时间管理评估

　　有评估才有改进，项目时间管理的工作质量应定期予以评估。通过对时间管理情况的评估，项目经理可以发现自身在时间管理方面存在的问题，从而提高时间管理能力，改善时间管理质量。

4.3.1　如何评估时间效能

问题场景

1
其实关于时间管理的这些方法，我们很多项目经理也知道，可就算懂了这么多道理，也还是做不好。

2
所以说，知道和做到之间，永远存在一道鸿沟。

3
怎么保证项目经理和项目成员能做到呢？

4
首先要让大家养成记录时间事项的习惯，可以定期记录自己每天在不同时间段都做了什么。

5
我以前也让大家记录，记录完之后好像也没什么用。

6
记录的目的是为了改善，如果没有对每天各时间段工作内容的定期评估，又怎么会有改善呢？

问题拆解

　　记录每天不同时间段的工作内容不是目的，通过对这些工作内容进行分析，实施改进，合理分配调整不同时间段的工作，从而让工作效率越来越高，才是时间记录的初衷。关键不是记录，而是改善。

方法与工具

工具介绍

时间记录与评估

　　为更高效运用时间，项目经理可以和项目成员一起养成记录每天不同时间段工作内容的习惯。评估这些工作内容是主动为之，还是被动而为。评估这些工作内容的重要程度和紧急程度，从而评估判断自身对时间运用的情况。

时间管理记录与评估表

时间	工作内容	主动/被动	重要程度	紧急程度
9:00～10:00	回复电子邮件	被动	不重要	紧急
10:00～11:00	给客户回电话	主动	不重要	紧急
11:00～12:00	研讨某项制度流程	主动	重要	不紧急
13:00～14:00	研讨某项制度流程	主动	重要	不紧急
14:00～15:00	召开项目进度推进会议	主动	重要	紧急
15:00～16:00	与低绩效员工张三做离职面谈	主动	不重要	紧急
16:00～17:00	参加临时召开的某会议	被动	不重要	紧急
17:00～18:00	到某部门交流工作	被动	不重要	不紧急

应用解析

管住时间的 4 个关键

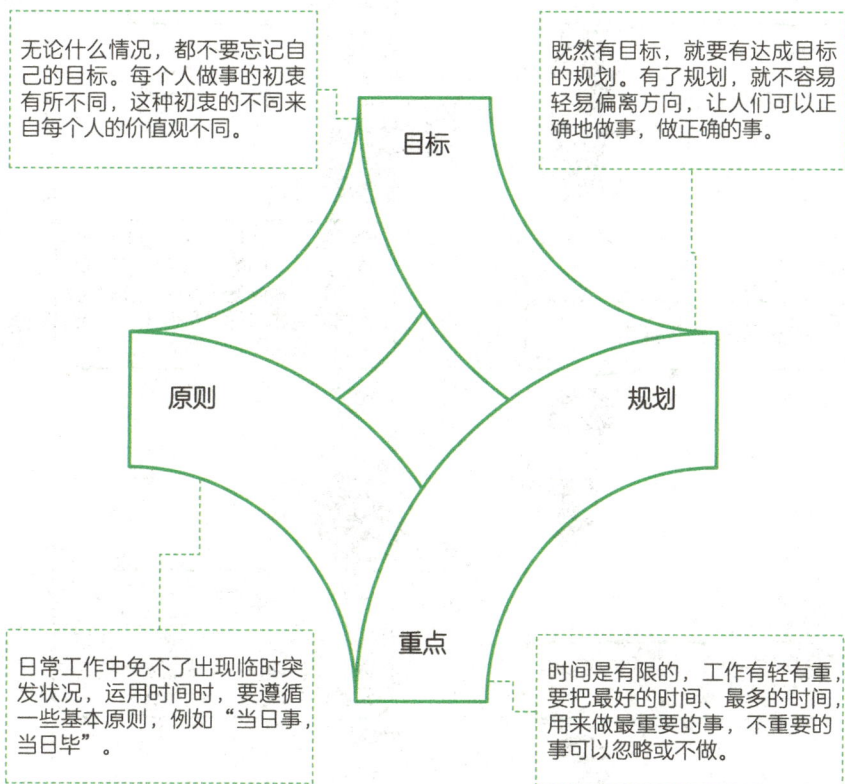

无论什么情况，都不要忘记自己的目标。每个人做事的初衷有所不同，这种初衷的不同来自每个人的价值观不同。

既然有目标，就要有达成目标的规划。有了规划，就不容易轻易偏离方向，让人们可以正确地做事，做正确的事。

目标

原则

规划

重点

日常工作中免不了出现临时突发状况，运用时间时，要遵循一些基本原则，例如"当日事，当日毕"。

时间是有限的，工作有轻有重，要把最好的时间、最多的时间，用来做最重要的事，不重要的事可以忽略或不做。

小贴士

低效的沟通常常是最容易耗费时间的事项，例如低效的会议、电话、E-mail、聊天类 App 等，总在不知不觉中"偷走"人们的时间。要有效运用时间，首先可以从高效沟通开始，缩减沟通渠道，提高沟通效率。

4.3.2　如何实施时间评估

🔒 **问题场景**

1
对项目责任的评估应该也不限于项目结束后吧？

2
当然，在项目运行过程中，应当对项目进度的过程不断实施阶段性评估。

4
实施阶段性评估，不同项目应当被分解成不同的工作任务。不同的任务，对应着不同的工作输出、不同的完成时间、责任人、参与人、关联人等。

3
怎么做阶段性评估呢？

6
是的，相似项目间可以做横向比较。通过比较，不仅能判断不同责任人和参与人的优缺点，还可以在平行项目之间做优势借鉴、资源调配、关联融合等工作。

5
这样的评估对员工成长应该也会非常有帮助。

问题拆解

　　有了项目的阶段性评估，就不需要等到项目结束之后被动地等待项目的成败结果，过程中可以及时发现问题，及时调整，及时纠偏。这样就能保证项目一直朝团队想要的方向进展，而不至于等到最后失败的时候才发现。

方法与工具

工具介绍

时间管理评估

在运用甘特图划分项目时间进度后，项目经理要定期评估不同任务的进展情况。时间管理评估的步骤是先找到预期和实际的差距，再分析差距发生的原因，从而采取相应的措施。

时间提前不一定是好事，也许是牺牲了质量，也许是做时间计划的环节出了问题。

时间推后也不一定是坏事，也许是项目变更后增加了工作内容。

时间管理评估

在项目被分解成具体任务之后，一般包括预期情况（计划情况）和实际进展情况两部分。

用条状图表示项目预期和实际在何时开始、何时结束、持续时间长度。

时间单位根据项目具体情况和图形呈现视觉设置，可以用天、周、月等时间单位。

	第1周	第2周	第3周	第4周	第5周	第6周	第7周	第8周	第9周
任务1 预期	██	██	██	██					
任务1 实际	██	██	██						
任务2 预期		██	██	██	██				
任务2 实际			██	██	██	██	██	██	
任务3 预期				██					
任务3 实际						██	██	██	██

应用解析

甘特图的 8 个应用场景

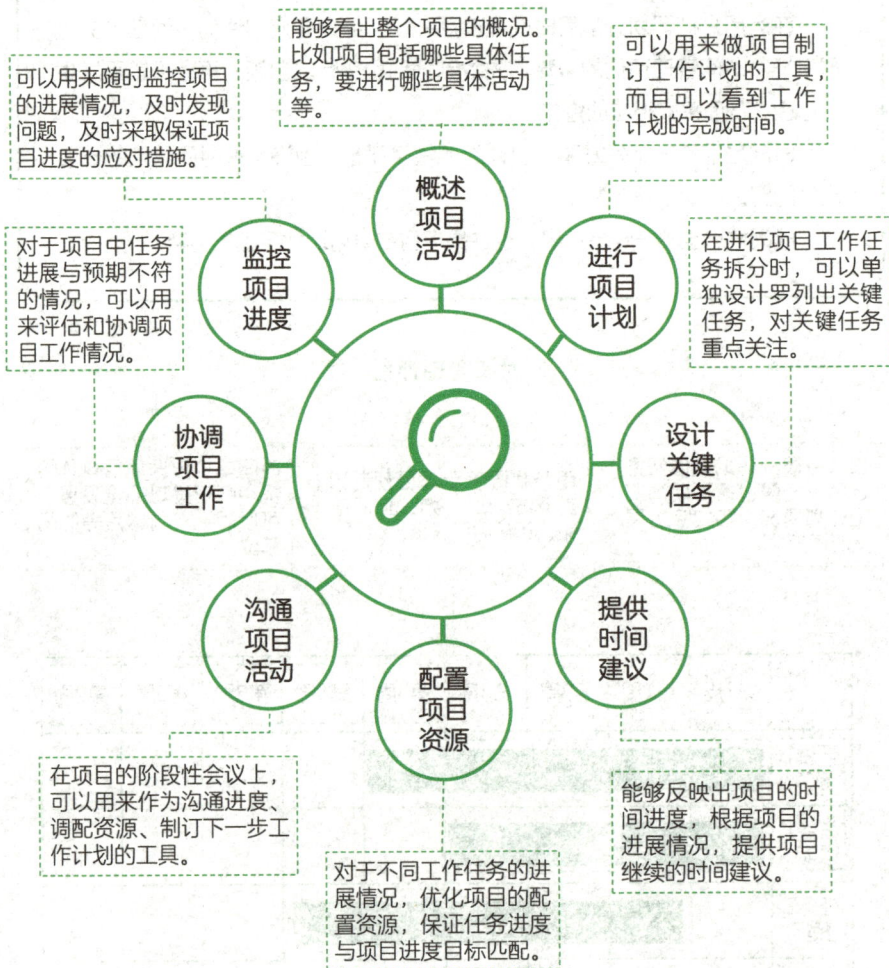

可以用来随时监控项目的进展情况，及时发现问题，及时采取保证项目进度的应对措施。

能够看出整个项目的概况。比如项目包括哪些具体任务，要进行哪些具体活动等。

可以用来做项目制订工作计划的工具，而且可以看到工作计划的完成时间。

对于项目中任务进展与预期不符的情况，可以用来评估和协调项目工作情况。

监控项目进度

概述项目活动

进行项目计划

在进行项目工作任务拆分时，可以单独设计罗列出关键任务，对关键任务重点关注。

协调项目工作

设计关键任务

沟通项目活动

配置项目资源

提供时间建议

在项目的阶段性会议上，可以用来作为沟通进度、调配资源、制订下一步工作计划的工具。

对于不同工作任务的进展情况，优化项目的配置资源，保证任务进度与项目进度目标匹配。

能够反映出项目的时间进度，根据项目的进展情况，提供项目继续的时间建议。

小贴士

甘特图的优点是采取图形化的方式，让项目的时间进度一目了然，易于理解；缺点是它的重点在于表达项目管理中的时间维度。甘特图的原理也可以用来表达其他工作单位和工作时间的关系，比如不同员工的时间占用情况。

4.3.3　如何避免低水平勤奋

问题场景

1　我们项目团队中总有那么一些人，做的成果不好，还没法说。

2　为什么没法说？

3　你说这些人不勤奋吧，好像也不是。这些人不仅勤奋，而且还很认真，经常认认真真地犯错，真没办法。

4　也许，这些人的勤奋，只是低水平勤奋。

5　低水平勤奋？这个词说得太贴切了，那该怎么办呢？

6　要避免低水平勤奋，就要让团队成员认清楚这个事实，提高团队成员勤奋的质量，化低水平勤奋为高水平勤奋。

问题拆解

　　人们都期望努力之后有好的结果，但事实却常常非人所愿。并不是所有努力都能创造价值，并不是所有努力都有好结果。在付出相同努力的情况下，有的努力创造的价值高，有的努力创造的价值低。识别出低水平勤奋的内容，并做出调整，能有效提高产出。

方法与工具

工具介绍

高水平勤奋

　　高水平勤奋指的是在有限时间、相同付出的情况下，获得比较高水平的成果。所谓比较高水平的成果，通常指的是成果的价值较高，与期望的关联度较高，非常有助于实现目标。与高水平勤奋相对应的是低水平勤奋。低水平勤奋指的是虽然付出了大量时间和精力，但获得的成果却不尽如人意。

低水平勤奋的 4 大特点

努力后做出来的成果没有价值，或没有达到项目预期，通常表示这份努力没有意义。

没有事先设定目标，或没有朝目标期望的方向努力，很容易让努力结果并非期望。

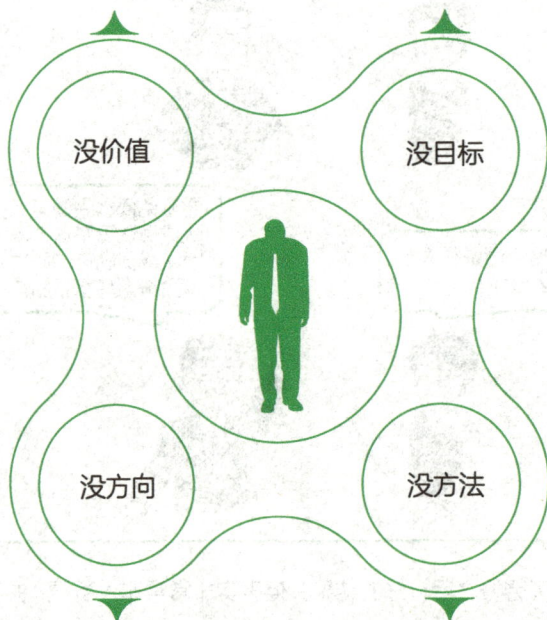

没价值

没目标

没方向

没方法

没有目标时，有方向至少能保证路线基本正确，但如果连方向也没有，则属于盲目努力。

没有想好达成目标的方法就盲目开展实施，或者用错了方法，都可能导致事倍功半。

应用解析

高水平勤奋的 4 个关键

聚焦价值，明确知道自己最应该做什么，永远把时间用来做最重要的事。

有非常明确的方向，时刻盯着目标，一切围绕目标来做事。

第一要务

专注目标

学习方法

远离打扰

万物皆有方法，方法对了，事半功倍，学习做事方法，用最高效率的方法做事，往往能获得好结果。

远离无效社交，远离无效新闻，远离一切企图侵占自己时间、与目标或价值无关的人或事的诱惑。

小贴士

为什么相同起点、相同努力的两个人，在相同时间内获得的成就有所不同，很大程度上，源于这两个人努力的方式有所不同。高水平勤奋的人，通过不断积累，由量变转为质变，往往获得的成就更高；低水平勤奋的人，很容易陷入平稳。

05

项目资源管理 ——————

本章背景

1
我总感觉项目经理不懂如何统筹资源，有时忘了这，有时忘了那，总是按下葫芦起了瓢。

2
具体表现在哪里呢？

3
很多项目不是在人的方面出问题，就是在钱的方面出问题。

4
那要培养项目经理有效运用资源的能力。资源是项目成功的基础，如果资源应用出问题，项目将很难成功。

5
怎么培养项目经理应用资源的能力呢？

6
首先要区分清楚资源类型，做资源盘点，把资源充分运用到极致。

背景介绍

完成项目需要资源支持。按照种类划分，资源可以包括有形资源、无形资源；自然资源、人造资源；内部资源、外部资源。项目中最常见的资源包括人力资源、财务资源、信息资源、技术资源、物料资源、市场资源等。项目管理这种方法论本身，也是一种资源。

5.1　项目人力资源管理

　　人力资源是项目管理中最重要的资源，因为项目管理中的所有资源都需要人力资源来调动。如果人力资源出问题，不论另外的资源如何有效，都无法阻止项目管理出问题。对人力资源的选拔、培养、考核和激励是项目人力资源管理的关键。

5.1.1 如何选拔项目成员

问题场景

1 现在新招的这批员工素质太差了，做项目时没一个能行的。

2 这些人是谁招的？招聘时怎么没发现这些人不行呢？你当初没参与面试吗？

3 说来惭愧，这些人我都面试了……面试时觉得这些人挺好的，谁知道真正做项目时才发现不行。

4 那为什么面试时觉得好呢？

5 可能是被其某个优点打动了吧，觉得优点比较突出，就招了。

6 那看来问题出在招聘环节上，应该建立人才需求框架，用这个框架去实施选拔。

问题拆解

正确的人才选拔应当是"维度观"，而不是"是非观"。就是当人们判断人才时，不是简单地判断人才好或不好，行或不行，而是设定出需要人才具备的几个维度特质，根据人才在这几个维度特质上的情况做判断。

方法与工具

工具介绍

项目成员选拔框架

要选准人才，就需要建立一套标准框架，照着框架来选拔人才，这样人才选拔的准确性将大大提高。在选拔项目成员时，项目经理可以根据项目对人才的要求来设定选拔框架。常见的选拔框架有 3 种形式，分别是人岗匹配，人人匹配和角色匹配。

常见的 3 种选拔框架

岗位胜任力模型是"以岗对人"或者叫"以岗找人"，就是通过公司需要的岗位来匹配确定这个岗位需要的人才特质，最终得到的结果是"人岗匹配"。

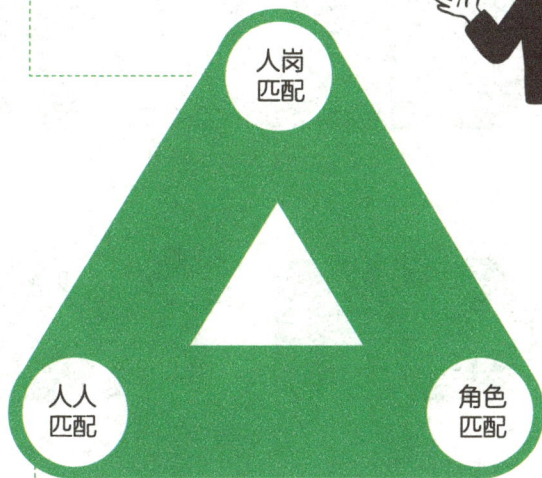

人岗
匹配

人人
匹配

角色
匹配

岗位人才画像是"以人对人"或者叫"以人找人"，就是参考岗位优秀员工的特质，来匹配确定这个岗位需要的人才特质，最终得到的结果是"人人匹配"。

"角色匹配"，这里的角色与岗位族群、序列中的角色含义相同。当既没有已经存在的岗位可以参考，也没有在这个岗位上绩效比较好的人可以参考时，公司就可以用角色来找人。

应用解析

角色匹配应用案例

某移动互联网公司准备开发一款新功能型App。新App项目团队参照以往App项目团队的人员配置，将团队需要的6类角色、定位设置如下所示。

项目总负责人

定位：对整个团队和项目负责，是整个项目团队最高负责人和最终责任人，在项目团队中有最高权限。

产品项目经理

定位：项目中特定产品规划、定位，带领与产品相关的编程开发人员开展工作，引领产品开发。

视觉呈现设计

定位：产品功能结构排布和视觉呈现，保证产品功能呈现完整、界面友好、操作简单。

编程开发人员

定位：产品编程开发，根据产品项目经理对产品的规划，实现产品的功能预期。

功能测试人员

定位：产品功能测试，寻找产品开发和使用环节中呈现出的问题或潜在问题，促进产品功能完善。

产品运维人员

定位：产品上线后，负责产品稳定运行，定期维护产品，根据客户服务人员反馈问题，及时调整。

小贴士

人才画像的"人人匹配"、胜任力模型的"人岗匹配"和用角色来划分的"角色匹配"这3者之间既不矛盾，也不冲突。团队选拔人才时，可以根据需要把这3种工具合并使用，也可以使用这3种工具中的任何一种。

5.1.2　如何培养项目成员

问题场景

1 现在有些员工，工作做得不怎么样，还批评不得，一批评就翻脸，动不动就离职。很多员工因此离取了，难道以后项目经理就不能批评员工了吗？

2 批评员工也要注意方式方法，批评如果用不好，员工反感也是正常的。但如果是员工的问题，离职就离职吧，也不用强留。

3 可现在项目团队的离职率居高不下，老员工离职后新人顶不上去，已经到了影响业务正常开展的地步了。

4 做好人才梯队建设，就不怕员工离职。通过人才梯队建设，优秀团队可以实现就算最高管理者离职，只需要补充一名刚毕业的大学生，就可以继续开展工作了。

5 啊？这是怎么做到的呢？

6 就是最高管理者离职后每一岗位都有后备人才可接任，补到最后只需要招聘一个基层岗位即可。

问题拆解

　　人才梯队建设比较成功的团队每个关键岗位都有继任者，即便最高管理者离职，也马上有继任者接任，继任者还有继任者，从上到下，一层一层，最后只需要补充一名刚毕业的大学生即可。这样也能显著缓解招聘的压力，能够最快速地实现人才补充，减少重要岗位空缺给公司带来的损失。

方法与工具

工具介绍

人才梯队建设

要实施人才梯队建设，首先要实施人才规划，确定需要的人才类别，结合人才规划结果实施外部人才选拔和内部人才盘点。人才盘点后，要了解员工的职业规划，帮助员工制订个人发展计划，形成团队的继任者名单（接班人）。针对团队的继任名单，实施人才培养。除了人才培养外，还应做好人才保留工作。

继任者建设的 2 种形态

岗位间能力差异较大的团队，可以通过关键岗位实施继任者计划

关键岗位继任者计划			
职位	准备程度		
	已准备好	未来2年内	未来2~5年内
CEO			
CFO			

人数较少、同类岗位同质化较强的团队，可以通过关键岗位人才池的方法管理继任者

高层管理岗位	高层技术岗位
高层管理人才池	高层技术人才池
中层管理岗位	中层技术岗位
中层管理人才池	中层技术人才池
基层管理岗位	基层技术岗位
基层管理人才池	基层技术人才池

应用解析

某上市公司人才梯队建设

某公司人才梯队建设的实施分成两个部分，8个模块。第一部分是人才策略规划与人才库建设，包括5个模块，分别是制定战略目标，识别核心岗位，确定核心岗位的能力要求，实施人才评估，制订人才策略和计划；第二部分是人才方案的计划与实施，包括3个模块，分别是制订人才招聘计划、制订人才发展计划和制订人才保留计划。

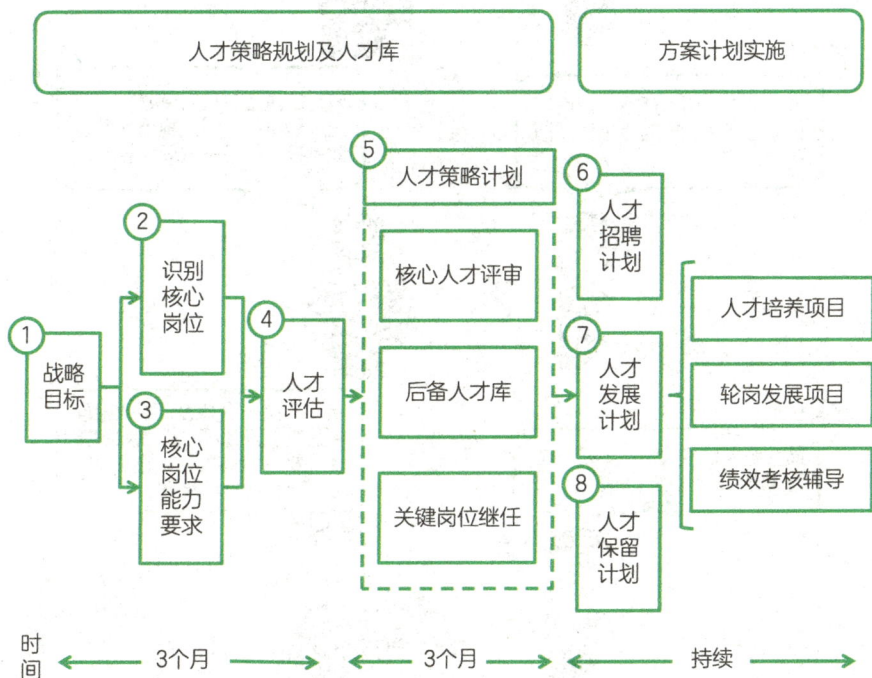

人才策略规划及人才库	方案计划实施

① 战略目标

② 识别核心岗位

③ 核心岗位能力要求

④ 人才评估

⑤ 人才策略计划

核心人才评审

后备人才库

关键岗位继任

⑥ 人才招聘计划

⑦ 人才发展计划

人才培养项目

轮岗发展项目

绩效考核辅导

⑧ 人才保留计划

时间　　←3个月→　　←3个月→　　←持续→

小贴士

人才梯队建设离不开人才规划，人才规划离不开战略规划。人才是为战略服务的，不能抛开战略谈人才培养。当团队战略不清时，要先明确战略。

5.1.3 如何考核项目成员

🔒 问题场景

1 我们项目团队的绩效考核做得也不好，根本没起到作用。

2 咱们现在是怎么做绩效管理的呢？

3 基本上是在项目开始时定目标，在项目结束后根据目标达成情况发奖金。

4 听起来像是"秋后算账"，缺乏过程管控，只是简单地做绩效考核，而不是做绩效管理。

5 绩效考核和绩效管理不是一个意思吗？

6 当然不是一个意思，绩效管理更注重管理过程，而绩效考核更注重评价结果。管好了过程，才会有好的结果。

问题拆解

　　绩效管理离不开绩效考核，绩效考核是绩效管理的一环，是绩效管理过程中的一种工具和手段。单纯看绩效考核，实质上反映的是过去的绩效，而绩效管理更强调未来绩效的提升。只有将绩效考核工作纳入绩效管理的体系和制度中，才能对绩效进行有效监控和管理，从而实现绩效管理的目标。

方法与工具

工具介绍

绩效管理程序和绩效管理工具

　　绩效管理要有效实施，离不开绩效管理程序和绩效管理工具。就像做菜，有相对通用的程序（洗菜、切菜、炒制、调味、装盘等），有不同的烹饪工具（铁锅、不粘锅、高压锅等）。

　　绩效管理程序一般包括绩效指标分解、制订绩效计划、进行绩效辅导、进行绩效评价、绩效结果反馈和绩效结果应用 6 个过程。

　　常见的绩效管理工具包括目标管理法（MBO）、关键绩效指标法（KPI）、目标与关键成果法（OKR）、关键成功要素法（KSF）、平衡计分卡（BSC）等。

6 个绩效管理程序

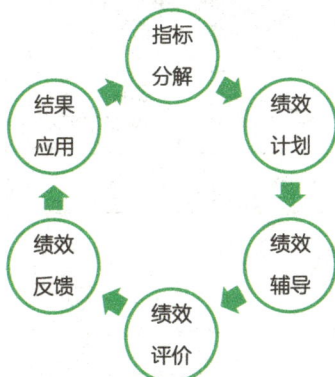

5 类绩效管理工具

关键绩效指标
Key Performance Indicators

目标管理
Management by Objective

关键成功要素
Key Success Factors

KPI

KSF　　MBO

平衡计分卡
The Balanced Score Cards

BSC　　OKR

目标与关键成果
Objectives and Key Results

应用解析

案例：某咨询公司项目经理的 KSF

考核指标		平衡点	月薪权重	金额	奖励制度	少发制度	指标来源
K1	项目预算使用	20万元	25%	2 000元	每少花1万元奖励100元	每多花1万元少发100元	财务部
K2	项目完成数量	10项	25%	2 000元	—	每少一项少发200元	人力资源部
K3	项目完成时间	某年某月某日前完成	25%	2 000元	每提前一天完成奖励100元	每拖后一天完成少发100元	人力资源部
K4	客户满意度	95.00%	12.5%	1 000元	每增加1%奖励100元	每减少1%少发100元	第三方机构
K5	客户投诉	0次	12.5%	1 000元	—	每增加1次少发500元	客服部

小贴士

上表中

项目预算使用（K1）指的是月度实施项目必备的项目预算花费额。

项目完成数量（K2）指的是月底时，项目按计划完成的工作任务数量。

项目完成时间（K3）指的是整个项目或项目内各项工作计划在规定时间内完成。

客户满意度（K4）=（月度客户对工作项目满意的数量 ÷ 月度工作项目的总数量）×100%。

用户投诉（K5）指的是月度客户投诉的次数，由客服部统计。

5.1.4 如何激励项目成员

问题场景

1 为什么我们的项目有绩效考核，项目奖金也不低，项目成员却感受不到激励呢？

2 有绩效考核或项目奖金与员工能不能感受到激励是两回事。员工的需求是不同的，如果你没有满足员工当前最大的、最核心的需求，很可能激励就是无效的。

3 也就是说，项目经理没有"对症下药"是吧？有的员工对涨工资、发奖金比较敏感，有的员工不敏感？

4 是的，你不能根据自己的判断来想当然地满足员工的需求，你要主动了解员工的需求。

5 员工都有哪些需求呢？

6 每个人都在追求3种感受，分别是安全感、存在感和满足感。正向增强员工当前最想要的感受，能够实现最佳的激励效果。

问题拆解

在商业模式中，公司应当找到用户的"痛点"（核心需求），根据用户痛点来设计产品。

在员工激励中，公司应当找到员工的"痛点"（核心需求），根据员工痛点来实施激励。

员工激励的效果，与员工的需求被满足之后，员工感受的强烈程度有关。员工的正向感受越强烈，激励效果越好。相反，如果不考虑员工的需求，则可能导致激励无效。

方法与工具

工具介绍

个体需求 3 大底层感受

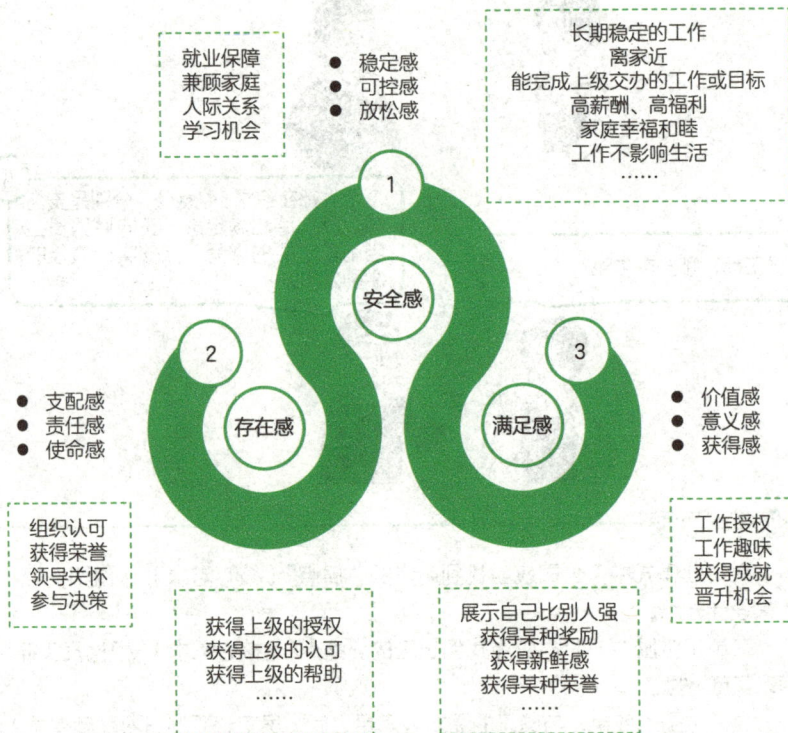

每个人都在追求 3 种底层感受，分别是安全感、存在感和满足感。

人们对安全感的需求指的是人们在生理、物质、精神等方面避免发生危险的需求。

人们对存在感的需求指的是人们内心感受到自己能够影响或支配某些事物的需求。

人们对满足感的需求指的是人们在生理需要或心理需要方面获得满足体验的需求。

这 3 大底层感受，都会给人们带来良好的感觉，是人们无时无刻不在追求的。

个体需求 3 大底层感受

就业保障
兼顾家庭
人际关系
学习机会

● 稳定感
● 可控感
● 放松感

长期稳定的工作
离家近
能完成上级交办的工作或目标
高薪酬、高福利
家庭幸福和睦
工作不影响生活
……

1 安全感

● 支配感
● 责任感
● 使命感

2 存在感

3 满足感

● 价值感
● 意义感
● 获得感

组织认可
获得荣誉
领导关怀
参与决策

获得上级的授权
获得上级的认可
获得上级的帮助
……

展示自己比别人强
获得某种奖励
获得新鲜感
获得某种荣誉
……

工作授权
工作趣味
获得成就
晋升机会

应用解析

员工激励的"任三角"

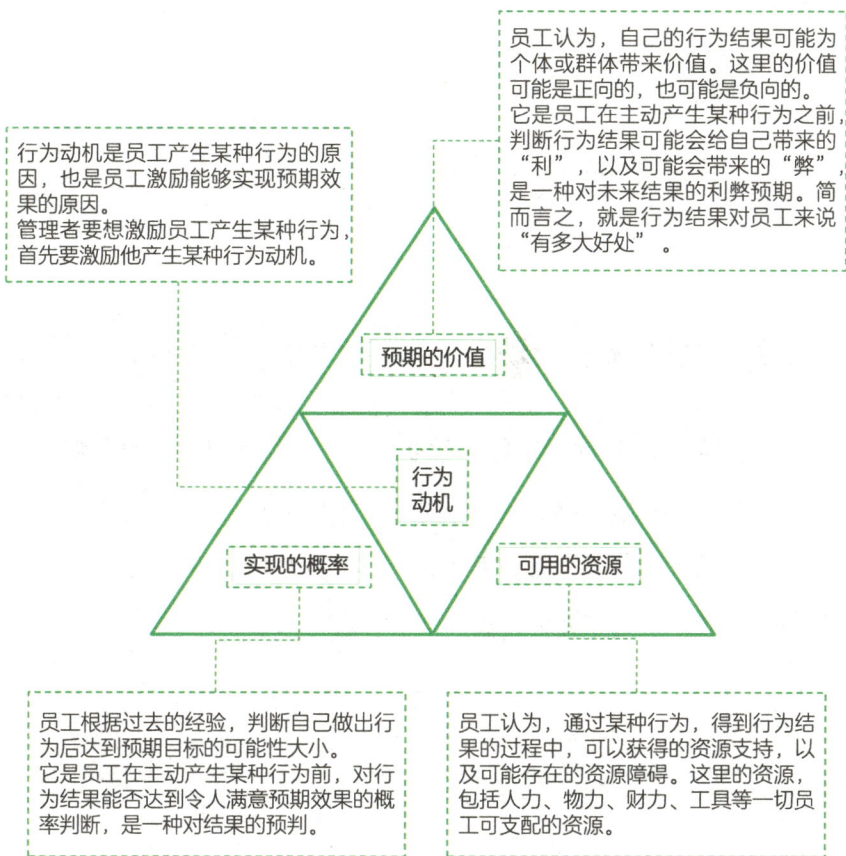

行为动机是员工产生某种行为的原因，也是员工激励能够实现预期效果的原因。
管理者要想激励员工产生某种行为，首先要激励他产生某种行为动机。

员工认为，自己的行为结果可能为个体或群体带来价值。这里的价值可能是正向的，也可能是负向的。
它是员工在主动产生某种行为之前，判断行为结果可能会给自己带来的"利"，以及可能会带来的"弊"，是一种对未来结果的利弊预期。简而言之，就是行为结果对员工来说"有多大好处"。

预期的价值

行为
动机

实现的概率

可用的资源

员工根据过去的经验，判断自己做出行为后达到预期目标的可能性大小。
它是员工在主动产生某种行为前，对行为结果能否达到令人满意预期效果的概率判断，是一种对结果的预判。

员工认为，通过某种行为，得到行为结果的过程中，可以获得的资源支持，以及可能存在的资源障碍。这里的资源，包括人力、物力、财力、工具等一切员工可支配的资源。

小贴士

　　所谓员工激励，就是期望通过某种方式，让员工产生某种行为。员工产生某种行为的根源，是员工具备某种行为的动机。员工产生行为的动机，与三个方面有关，分别是预期的价值、实现的概率和可用的资源。公司要做好员工激励，需要管理者从这三个方面下功夫。

5.2　项目成本管理

　　财务资源是项目运行的重要资源之一，如果没有财务资源，项目将难以为继。要保证财务资源有效运用，项目经理要掌握估算项目成本、管控项目成本和围绕成本考核的项目管理能力，将财务资源发挥到极致。

5.2.1　如何估算项目成本

问题场景

1 好多项目的成本预估和实际差异较大。

2 抛开成本管控的可能性，这也许是项目成本估算的环节出了问题。

3 估算成本有那么难吗？之前有那么多项目可以参照，照着之前的项目做不就好了吗？

4 前提是之前的项目和以后的项目具备足够的相似性，而且要仔细比较两者之间的异同，不然没用。

5 没那么难吧，项目成本主要不就那么几项吗？

6 项目成本的大类虽然少，但具体费用项目挺多的，估算的时候这些小的费用项目都要考虑进去。

问题拆解

在估算项目成本时，就算有以前的项目做参照，也要充分考虑不同项目间的异同点。虽然项目的需求或天数可能相同，但每个项目的工作内容不同，面临的状况不同，估算成本时应充分考虑这些特殊状况。

🔑 方法与工具

工具介绍

项目成本估算

项目成本估算，是对项目全过程需要的各项费用的估算。项目成本估算不仅是项目管理计划的需要，也是管控项目成本的基础。

完整的项目费用通常包括人工费用、材料费用、管理费用和预备费用4大类。

常见项目成本的估算方法通常包括物料清单法、人工成本法、类比计算法、专家估算法、流程推演法和图纸测算法6种。

项目费用4大组成元素

项目实施相关人员的所有人工费用，包括工资、奖金、福利、社保、公积金、职工教育经费、工会费等费用。

项目实施需要的直接材料费用、采购材料费用，项目实施需求相关设备的采购、租赁和折旧等费用。

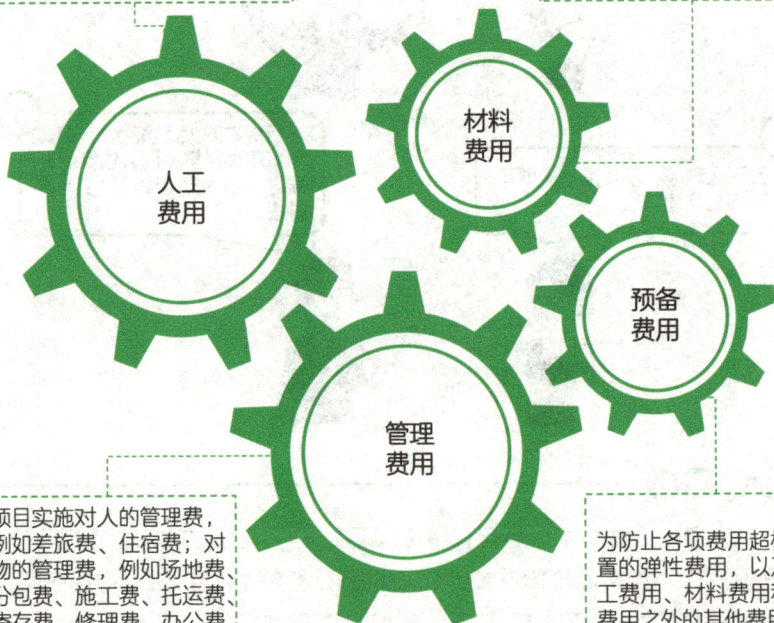

项目实施对人的管理费，例如差旅费、住宿费；对物的管理费，例如场地费、分包费、施工费、托运费、寄存费、修理费、办公费、水电费等。

为防止各项费用超标而设置的弹性费用，以及除人工费用、材料费用和管理费用之外的其他费用。

人工费用

材料费用

预备费用

管理费用

应用解析

项目成本估算常见的 6 种方法

如果项目有明确的图纸结构，且项目成本与图纸结构之间有明确的对应关系，可以采用图纸测算法。产品设计类项目适合采取图纸测算法计算项目成本。

如果项目能够拿出所用材料的清单，而且每种材料都有明确的价格，则可以使用物料清单法，生产、建筑、装修类项目适合采取物料清单法计算项目成本。

如果项目进展与人的劳动和时间关系较大，与物理材料关系较小，可以用人工成本法，用"人天"（每人每天的费用）粗略计算，咨询类项目适合采用人工成本法计算项目成本。

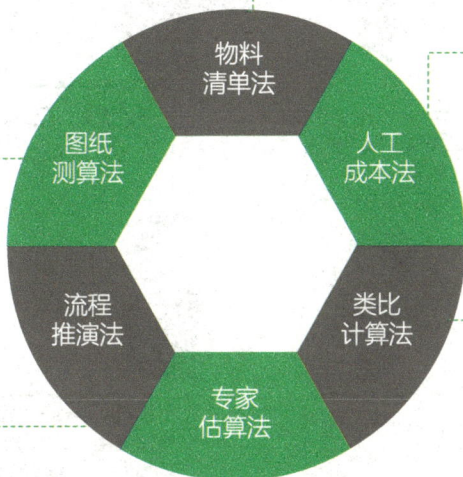

物料清单法

图纸测算法

人工成本法

流程推演法

类比计算法

专家估算法

如果项目有明确的流程，且每步流程都可以明确计算成本，则可以采取流程推演法来估算项目成本。

如果项目内容较复杂，未知变量较多，估算时缺乏经验，在该项目领域有比较权威的专家，可以采用专家估算法来估算项目成本。

如果有已经完成的类似项目做参照，可以用该项目的情况与实际发生的成本，类比当前项目的情况，估算出当前项目的成本。

小贴士

由于项目间差异较大，不同的项目适合采取不同的成本估算方法，而且每种项目择其一即可。要保证项目成本估算准确，应根据项目特点，选择最适合的成本估算方法。

5.2.2 如何管控项目成本

🔒 **问题场景**

1 项目成本管不好，都是项目经理的问题，有问题我就找项目经理！

2 你可以找项目经理，但管控项目成本也不能只靠项目经理一个人。

3 项目经理是整个项目的总负责人，我不找项目经理找谁？

4 话是没错，但一味压项目经理，不如教会项目经理如何把责任分摊到全体项目成员身上。

5 可是很多项目成员也没有审批费用支出的权力啊？费用审批的主要权力还是在项目经理手里。

6 项目成员虽然没有审批权，但有使用权，铺张浪费肯定不行。另外，全员提高效率本身就是降低成本的最有效方法。

问题拆解

　　管控项目成本，不是项目经理一个人的责任，而是全体项目成员的责任。全员参与成本管控，远好过项目经理一个人为成本问题劳累奔波。虽然很多项目成员没有审批费用的权力，但有使用费用的权力。如何用好费用，如何提高效率，是全体项目成员都要考虑的。

方法与工具

工具介绍

项目成本管控

项目成本管控可以分成 6 个步骤，按顺序分别是成本预测、成本决策、成本计划、成本核算、成本分析和成本考核。

如果没有成本预测，成本管控将变成主观臆断；成本决策的最终目标是提高效益；成本计划具有一定权威性，应严格贯彻执行，不得随意改动；成本核算与分析是找到目标与计划之间差距的关键因素，是找到降低成本方法的有效途径；成本考核能对成本管控质量赏优罚劣，稳定和提高各责任人的积极性，提高成本管控质量。

项目成本管控的 6 个步骤

5.成本分析
成本分析是运用成本核算过程中的信息，通过比较和关联分析，对成本目标完成情况、成本计划实施情况、成本责任落实情况做出评价、得出结论的过程。

6.成本考核
成本考核的作用是落实成本管控部门责任和岗位责任，是把成本的实际完成情况和成本承担责任情况做对比、考核和评价的过程。

3.成本计划
成本计划是考核的依据，是在成本预算和成本决策基础上，根据"自上而下"和"自下而上"两条路径汇编而成的，具有可操作性的成本管控计划。

4.成本核算
成本核算是为成本管控各个环节提供准确信息，通过对成本记录、测算、确认等一系列环节，确定成本控制结果。通过成本核算项目负责人能够准确了解成本管控质量。

1.成本预测
成本预测是成本管控的基础，是根据成本统计数据，结合市场调查预算，研究项目内外部环境因素变化，科学估算一定时间内的成本目标或变化趋势。

2.成本决策
成本决策是成本管控的核心，是按既定目标，在充分收集信息的基础上，划清可控因素与不可控因素，全面分析条件，从多种成本方案中选择最佳方案。

应用解析

管控高成本的 4 种方式

成本过高的原因可能是资源浪费，比如资源没有为项目结果服务，或用于没有产生价值的事情上。此时应审视项目是否存在资源未聚焦核心价值的问题。

成本高的原因可能是项目输出物的附加值低。这时，项目经理应考虑查找运营层面的问题，调整资产结构和产品结构，利用优良输出物来增加效益。

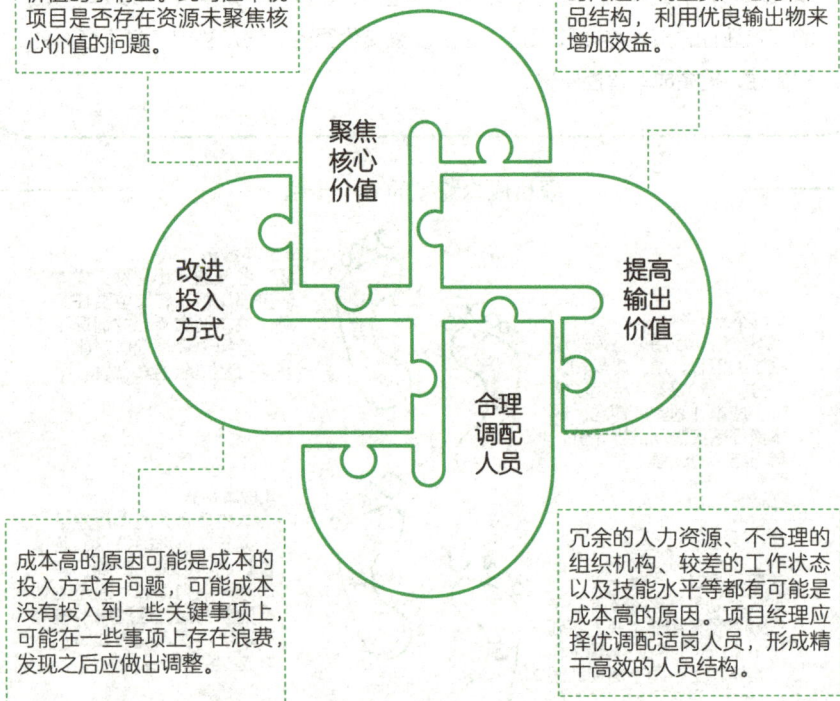

聚焦核心价值

改进投入方式

提高输出价值

合理调配人员

成本高的原因可能是成本的投入方式有问题，可能成本没有投入到一些关键事项上，可能在一些事项上存在浪费，发现之后应做出调整。

冗余的人力资源、不合理的组织机构、较差的工作状态以及技能水平等都有可能是成本高的原因。项目经理应择优调配适岗人员，形成精干高效的人员结构。

小贴士

很多项目经理认为项目团队成员越多，越有利于项目达成目标。实际上，项目团队成员越多，管理成本越高。人不是越多越好，在能够达成项目预期的情况下，人反而越少越好。

5.2.3　如何考核成本进度

问题场景

1　现在不论成本管得好还是管不好，大家似乎都不重视，事不关己，高高挂起。

2　可以试试把成本管控纳入对项目团队的考核。

3　这可提醒我了，从今天开始，我要考核项目经理！

4　考核项目经理只是一方面，另一方面，也要让项目经理学会考核项目中与成本相关的责任人。

5　你的意思是全员考核?

6　是的，既然管控成本不是项目经理一个人的事，考核成本也不能只考核项目经理。

问题拆解

　　要让全员重视成本管控，可以尝试把成本纳入考核机制。对项目成本的考核最好是全员考核，不仅要考核项目经理，还要考核项目成员，尤其是对成本管控有重要影响的成员。项目成员可以由项目经理亲自考核。

方法与工具

工具介绍

成本考核

项目经理可以对成本预算的执行和管控实施必要的约束和激励措施，通过实施预算目标的细化、分解、考核和激励，实施对成本预算的管理。对成本预算的考核周期不宜过长，应配合项目的周期，一般可以与阶段性回顾会议的周期匹配。

实施成本考核的 4 大原则

对成本预算的考核应当以预算目标为基准，按照成本预算完成情况考核和评价责任人的绩效情况。

对成本预算的考核应当遵循相应的考核周期，实施动态评价，每个考核周期结束后应立即实施评价。

目标原则

时效原则

激励原则

例外原则

对成本预算的考核应体现出对责任人的激励性，当责任人完成情况较好时，要有相应的激励措施，当责任人完成情况较差时，要有相应的惩罚措施。

如果环境或条件发生重大变化，对成本预算的考核也应灵活变化，特殊时期、特殊情况，可以采取特殊处理。

应用解析

成本进度考核指标一览表

缩写	名称	含义
PV	计划价值	经批准的，计划完成工作的预算值
EV	挣值	实际完成工作的预算值
AC	实际成本	一段时间内，执行项目实际花费的成本
BAC	完工预算	项目预算总和
CV	成本偏差	挣值与实际成本的差异CV=EV-AC
SV	进度偏差	挣值与计划价值的差异SV=EV-PV
CPI	成本绩效指数	挣值与实际成本的比值CPI= EV÷AC
SPI	进度绩效指数	挣值与计划价值的比值SPI= EV÷PV
EAC	完工估算	如果预期项目剩余CPI不变，EAC= BAC÷CPI 如果按计划速度完成，EAC=AC+（BAC-EV） 如果无法按计划进行，EAC=AC+重新估算的ETC 如果CPI和SPI都会对剩余工作有影响，EAC=AC+[（BAC-EV）÷（CPI×SPI）]
ETC	完工尚需估算	如果继续按计划进行，ETC=EAC-AC 如果无法按计划进行，ETC要重新估算
VAC	完工偏差	完工预算与完工估算的差异VAC= BAC- EAC
TCPI	完工尚需绩效指数	完成计划须保持的效率，TCPI=（BAC-EV）÷（BAC-AC） 完成当前完工估算须保持的效率，TCPI=（BAC-EV）÷（EAC-AC）

小贴士

　　在成本预算考核评估过程中，要及时发现表面问题和潜在问题，及时对预算责任人或预算本身实施必要修正。对预算责任人的修正主要体现在绩效面谈和绩效结果应用上；对预算本身实施修正要注意按照项目相关流程和权限运行。

5.3 项目采购管理

项目经理的采购管理能力，决定了项目相关的外部资源能否及时有效地支持项目运行。要做好项目采购管理，项目经理可以从设计采购计划、实施采购行为和控制采购结果3个维度入手。

5.3.1 如何设计采购计划

问题场景

1 项目成本总超标，需要的物料要么在该到位的时间不到位，要么在到位之后质量不佳。

2 这需要提高项目经理的采购管理能力。

3 怎么提高采购管理能力呢？

4 可以先让项目经理学会如何做好采购计划。

5 做采购计划，主要是规划该采购哪些物资，以及这些物资什么时候到位吧？

6 在这之前，其实应该先确定什么物资应当从外部采购，什么物资不需要。

问题拆解

　　项目在采购方面出问题，与项目经理的采购管理能力有较大关系。要做好采购管理，先要编制采购计划。编制采购计划的第一步，是确定项目相关的各类物料是否需要通过外部采购。如果内部制作的成本更低、效率更高或质量更好，则可以通过内部制作获得。

方法与工具

工具介绍

项目采购计划

项目采购计划指的是在项目运行过程中，实施的与外部资源采购相关的各类活动。当项目需要外部资源支持时，要通过外部采购满足项目计划。采购节奏应当与项目计划相匹配，这时候就需要项目采购计划。

采购计划包含的 4 类内容

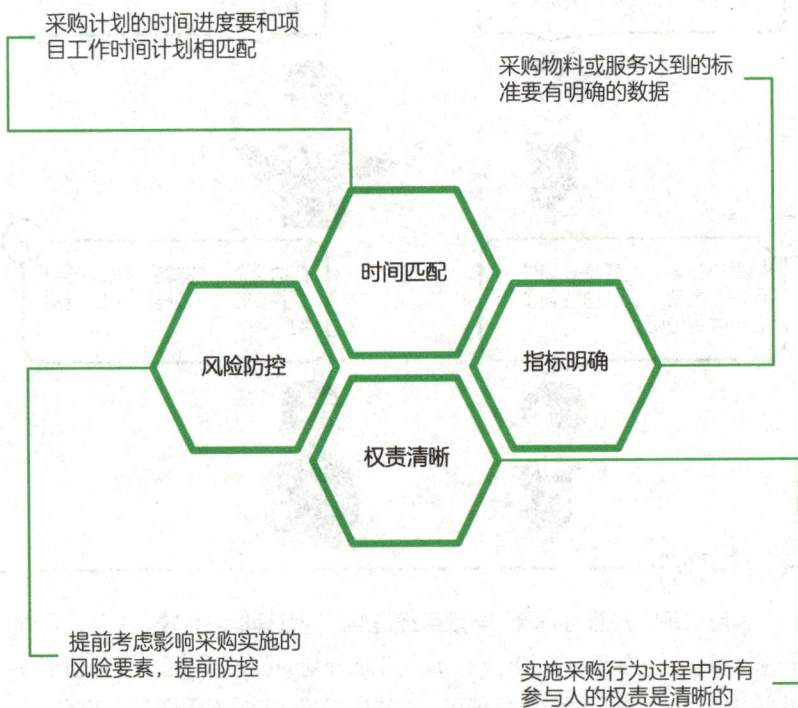

采购计划的时间进度要和项目工作时间计划相匹配

采购物料或服务达到的标准要有明确的数据

时间匹配

风险防控

指标明确

权责清晰

提前考虑影响采购实施的风险要素，提前防控

实施采购行为过程中所有参与人的权责是清晰的

应用解析

选择供应商要考虑的 4 个关键

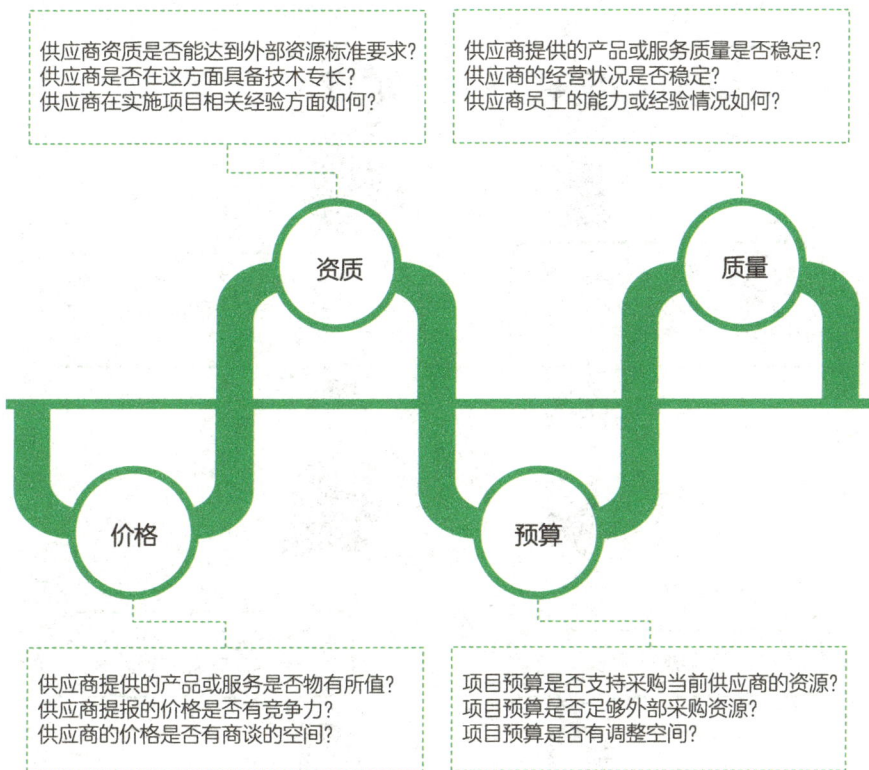

供应商资质是否能达到外部资源标准要求?
供应商是否在这方面具备技术专长?
供应商在实施项目相关经验方面如何?

供应商提供的产品或服务质量是否稳定?
供应商的经营状况是否稳定?
供应商员工的能力或经验情况如何?

资质

质量

价格

预算

供应商提供的产品或服务是否物有所值?
供应商提报的价格是否有竞争力?
供应商的价格是否有商谈的空间?

项目预算是否支持采购当前供应商的资源?
项目预算是否足够外部采购资源?
项目预算是否有调整空间?

小贴士

俗话说:"货比三家。"一般来说,一项采购需求至少要选择 3 家以上的供应商。在选择供应商时,应当要求供应商提供招标文件。根据采购类型的不同,招标文件的类型也各不相同,常见的招标文件有信息邀请书、报价邀请书和建议邀请书。

5.3.2 如何实施采购谈判

🔒 问题场景

1. 很多项目经理不知道怎么把采购条件谈好，价格谈不下来，成本控制不住。

2. 那要培养一下项目经理的采购谈判能力。

3. 我看也是，要让项目经理学会"砍价"，尽可能多为我们争取利益。

4. 一味砍价也不对，也要考虑对方的利益，不能因为谈判伤了和气。

NO!

5. 这个度似乎很难把握呀。

6. 要抱着长期合作共赢的心态去谈，而不是只想着我方利益。

问题拆解

　　团队与供应商的关系不只是一方赢一方输的博弈关系，更是合作共赢的关系。项目经理要具备和供应商谈判的能力，但不能一味压榨供应商。在保障我方利益的前提下，要让供应商有利可图。

方法与工具

工具介绍

采购谈判

采购谈判是项目团队和供应商抱着双赢的理念，就开展采购合作进行的一系列商谈过程。采购谈判的输出内容是采购合同。采购合同中要包含采购合作的全部关键内容。采购谈判的主要谈判人不一定是项目经理，也可以是项目成员。

采购谈判的关键内容

权利和义务指的是采购过程中的权利义务关系，采购双方需要做的事，这部分内容最终会体现为采购合同中的权利义务关系。

适用条款指的是采购合同适用的法律条款，采购合同中约定的关键条款，采购与项目团队合作的关键项目。

权利义务

适用条款

交期方案

价格付款

交期方案指的是对方提供的解决方案，技术指标，交付时间等内容，这部分代表了采购内容的质量要达到何种标准。

价格付款指的是采购内容的价格和付款方式，因为与经济利益直接挂钩，这部分通常是采购谈判的重点。

应用解析

采购谈判的 4 个步骤

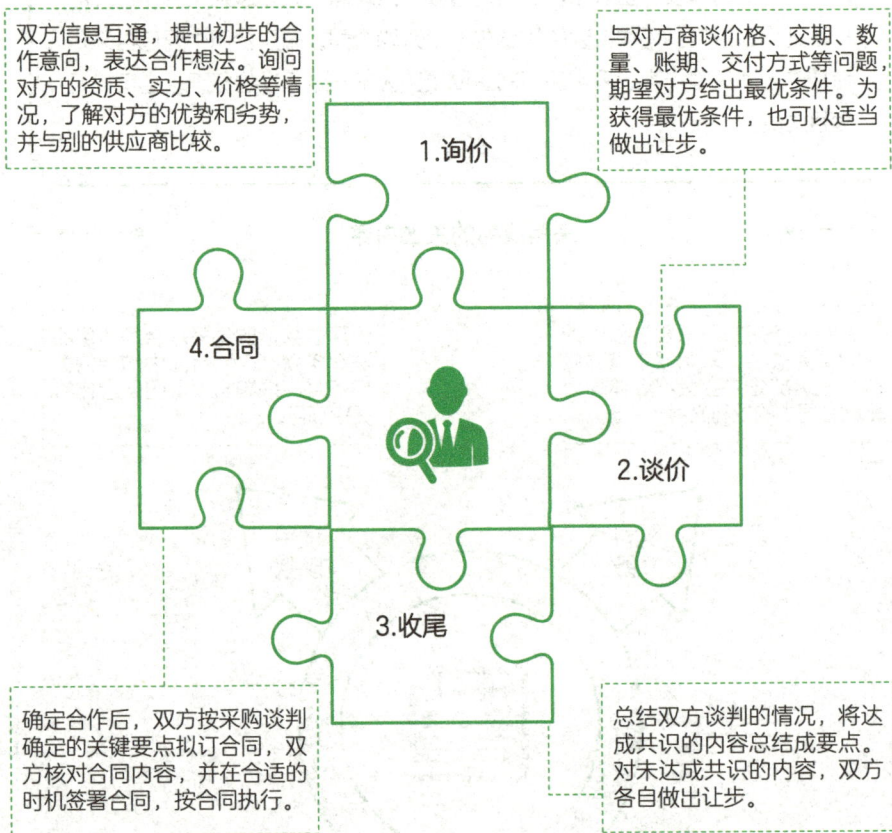

双方信息互通，提出初步的合作意向，表达合作想法。询问对方的资质、实力、价格等情况，了解对方的优势和劣势，并与别的供应商比较。

与对方商谈价格、交期、数量、账期、交付方式等问题，期望对方给出最优条件。为获得最优条件，也可以适当做出让步。

1.询价

4.合同

2.谈价

3.收尾

确定合作后，双方按采购谈判确定的关键要点拟订合同，双方核对合同内容，并在合适的时机签署合同，按合同执行。

总结双方谈判的情况，将达成共识的内容总结成要点。对未达成共识的内容，双方各自做出让步。

小贴士

采购合同是对买卖双方的共同约束。在没有正式签署采购合同前，一切就合作的谈判内容都只是口头上的信息表示，不具备法律效力。签订采购合同后，双方应尊重合同条款。

5.3.3 如何控制采购结果

问题场景

1 做好采购谈判，签了采购合同后就万事大吉了。

2 就算签了采购合同，也不代表项目经理就可以高枕无忧了。

3 供应商还能不按照合同执行不成？那不就违约了吗？

4 违约后的维权也是有成本的，我们肯定不希望对方违约，所以要做好采购过程控制。

5 怎么做采购过程控制呢？

6 可以按照采购合同约定，定期做评审、检查、审计、分析等工作。

问题拆解

签完采购合同不代表一切都会按采购合同的约定运行。项目中很可能出现未按合同执行的采购行为，包括质量、价格、交付时间等问题。采购行为是否能按合同约定执行，离不开项目经理对采购过程的防控。

方法与工具

工具介绍

采购控制

签订采购合同后，项目经理要根据采购合同的约定，执行采购合同履行过程中的控制，保证采购行为能够按照合同约定有效执行。当发现采购合同执行过程中有异常时，及时采取干预措施，避免出现进一步损失。

常见采购控制的 4 种方式

具备某种经验的专家、接受过相关训练的个人或多人小组，评审判断采购合同运行情况。

定期实施采购检查，检查采购合同的执行情况，检查供应商产品或服务的交付情况。

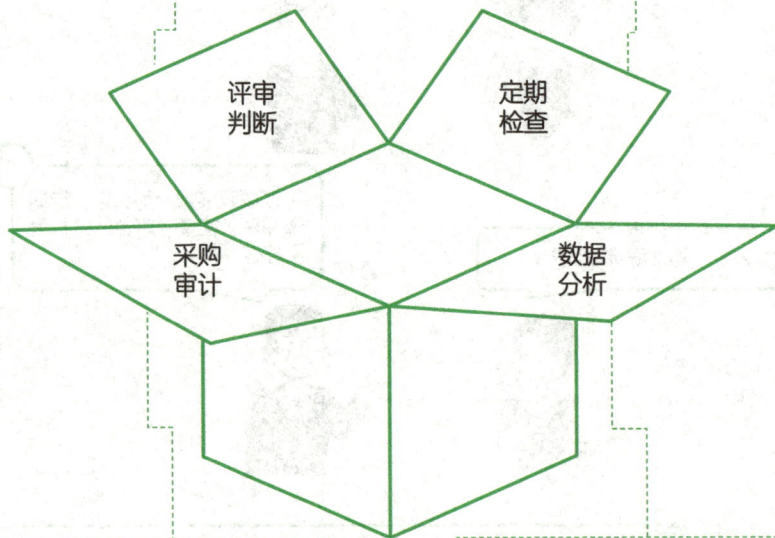

> 评审
> 判断

> 定期
> 检查

> 采购
> 审计

> 数据
> 分析

采购合同中应当包含审计相关的内容，运行过程中应当按照采购合同要求实施审计。

项目采购相关的数据分析包括对采购合同中质量、进度、成本、趋势等的相关分析。

应用解析

采购异常的 4 种处理方式

当采购条件发生变化，但双方还想继续采购合作时，可以选择转换合作方式，变更采购合同条款，重新签订采购合同。

当项目出现异常需要暂停，或供应商不能及时提供产品或服务时，可以中止合同。中止不等于终止，中止是暂停，未来可以视情况继续启用合同。

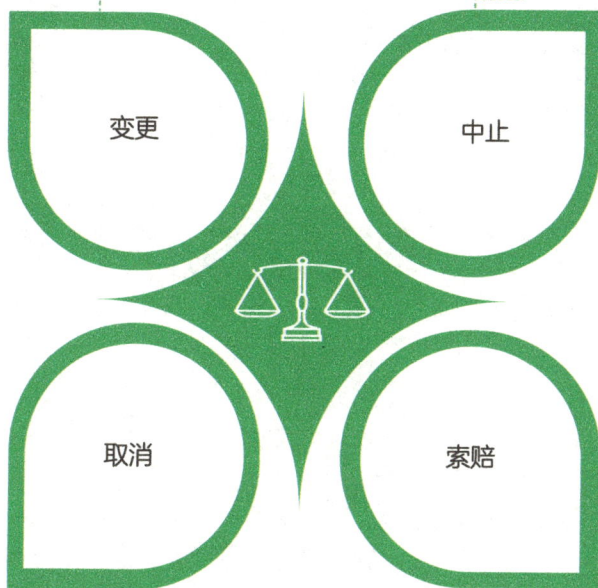

变更

中止

取消

索赔

当项目或供应商在某些条件上发生变化，不想继续合作时，可以选择取消采购合同。取消代表着终止，未来不再合作。

当供应商没有按采购合同条款提供产品或服务时，项目团队可以按采购合同约定向供应商索赔。

小贴士

采购合同正常运行结束，供应商按照采购合同约定交付了相应的产品或服务后，应执行采购合同关闭程序。项目团队可以向供应商提供采购合同已完成的正式文件。

06

项目质量管理 ——————

◆ 本章背景

1 我们很多项目结束后的效果都不理想。

2 效果不理想的意思是项目的输出物没有达到预期吗？

3 是的，项目经常达不到预期效果，客户不满意。

4 这主要是项目的质量管理出了问题。

5 那应该是项目团队员工的能力不足造成的吧。

6 不一定，项目质量管理有问题，主要还是要从项目经理身上找原因。

背景介绍

　　项目出现质量问题，80% 的责任出在管理者身上，20% 的责任出在员工身上。项目的质量能够被规划和管控，与项目经理的能力直接相关。好的项目经理通过实施质量管理，能让项目成员一次把事情做对，提高项目的成功率。

6.1　项目质量规划

项目质量管理不只是项目运行过程中的事项。在项目正式开始前，项目经理应根据项目输出物的属性划分项目的质量等级；根据项目要求编制质量计划；根据项目评价需要定义质量标准。

6.1.1 如何划分质量等级

问题场景

1　原来项目达不到客户预期，主要是项目经理的问题。看来只要把项目经理管好就可以了。

2　也不能这么早下结论，达不到客户预期，还要看客户的预期是什么，有没有明确的定义？

3　项目经理不就是要达成客户满意吗？达不成客户满意不就是质量管理能力有问题吗？

4　这也要看客户满意是主观满意还是客观满意，如果是客观满意，确实如此；如果是主观满意，达不成也不一定是项目经理的问题。

5　什么是客观满意，什么是主观满意？两者有什么区别吗？

6　客观满意的依据是某种客观事实，有标准，有数据，是客观的；主观满意的依据是人的情感或感觉，是主观的。

问题拆解

　　虽然质量管理是为了满足客户的需求和期望，但这不代表评价质量管理的最终结果应当是客户的主观感受。人的主观感受与很多因素相关，会随环境发生变化，有比较强的不确定性，不能作为评价依据。

方法与工具

工具介绍

质量评级

项目质量管理的目标是达到客户满意。在正式实施项目前，项目经理要与客户先定义质量标准。质量标准应当是以满足客户需求为导向，以产出某种产品或提供某种服务为交付物的等级水平。质量评级水平高低应当尽量以数据化、客观事实或图示来表达。

举例：牛肉的质量评级

牛肉等级	肌内脂肪含量	大理石花纹程度
极品级A	≥11%	丰富
极品级B	9.5%～11%	中等丰富
极品级C	8%～9.5%	略丰富
特选级A	7%～8%	中等
特选级B	5%～6%	中等略少
特选级C	4%～5%	少
可选级A	3.5%～4%	较少
可选级B	3%～3.5%	很少
标准级A	2.5%～3%	几乎不可见
标准级B	≤2.5%	无

应用解析

项目质量管理的 4 大原则

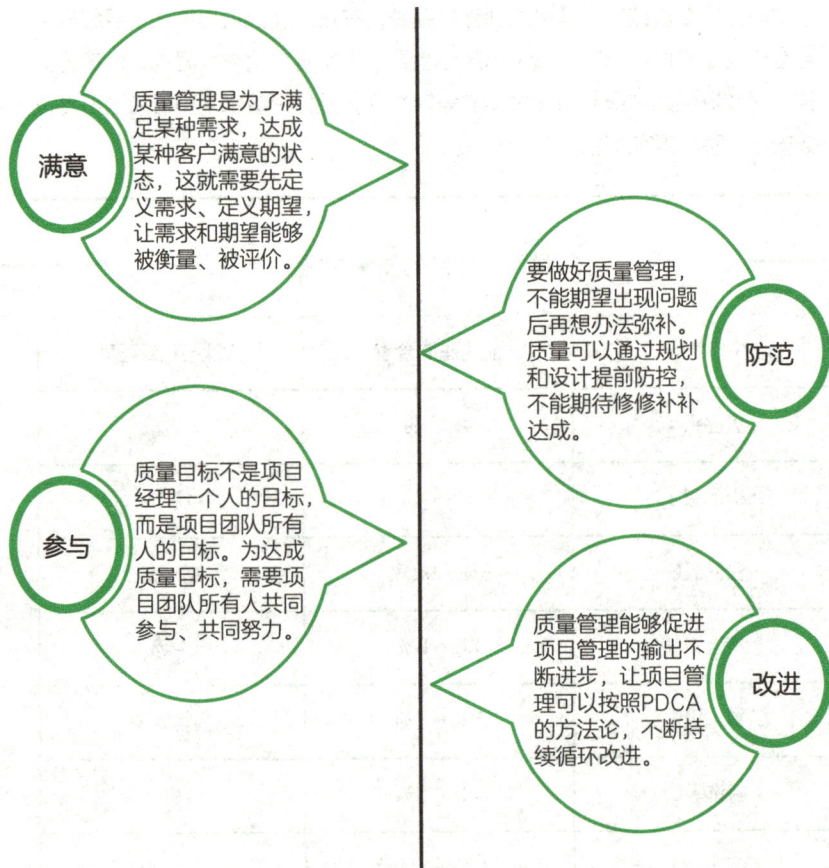

满意

质量管理是为了满足某种需求，达成某种客户满意的状态，这就需要先定义需求、定义期望，让需求和期望能够被衡量、被评价。

防范

要做好质量管理，不能期望出现问题后再想办法弥补。质量可以通过规划和设计提前防控，不能期待修修补补达成。

参与

质量目标不是项目经理一个人的目标，而是项目团队所有人的目标。为达成质量目标，需要项目团队所有人共同参与、共同努力。

改进

质量管理能够促进项目管理的输出不断进步，让项目管理可以按照PDCA的方法论，不断持续循环改进。

小贴士

质量标准目标应当由谁来定呢？是由客户定，还是由项目经理定？如果只由客户定，质量标准目标可能会高得不切实际。如果只由项目经理定，质量标准目标可能比较容易达成。所以一般来说，质量标准目标应由客户和项目经理共同沟通和博弈确定。

6.1.2 如何编制质量计划

问题场景

1 项目经理怎么做质量管理呢？

2 与项目计划类似的是，项目的质量管理也要先有质量管理计划。

3 什么是质量管理计划？

4 就是如何保证项目实现质量目标的计划。

5 质量管理计划都包含什么呢？

6 不同项目的质量管理计划是不同的，一般应该有质量目标、质量职责、审查方式、控制方法、控制工具和管理流程。

问题拆解

项目管理中很多管理环节的开始都要做计划，质量管理也不例外。项目经理在实施质量管理前，首先要编制质量管理计划，约定质量管理的目标和方法，按照质量管理计划有序实施质量管理。

方法与工具

工具介绍

项目质量管理计划

项目质量管理计划是为了实现质量目标而计划执行的一系列行动。质量管理计划并非对每个项目都适用，需要根据项目的属性、需求、资源等情况设计规划。项目经理要根据项目特点设计适合项目的质量计划。

编制项目质量计划的 4 个关键

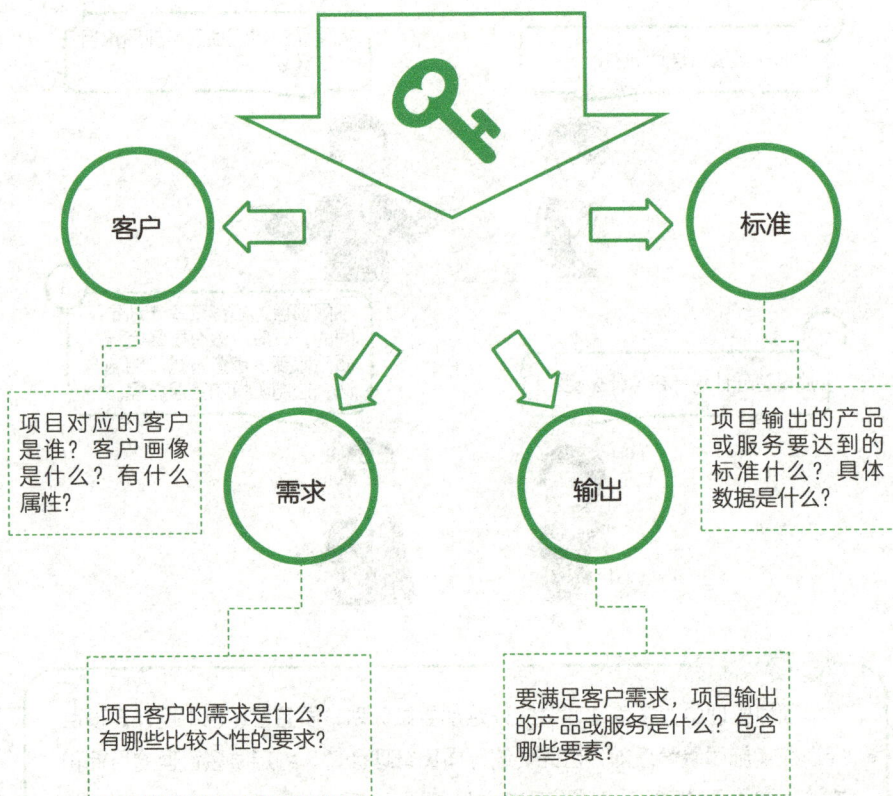

客户

标准

需求

输出

项目对应的客户是谁？客户画像是什么？有什么属性？

项目输出的产品或服务要达到的标准什么？具体数据是什么？

项目客户的需求是什么？有哪些比较个性的要求？

要满足客户需求，项目输出的产品或服务是什么？包含哪些要素？

应用解析

项目质量计划包含的 6 类内容

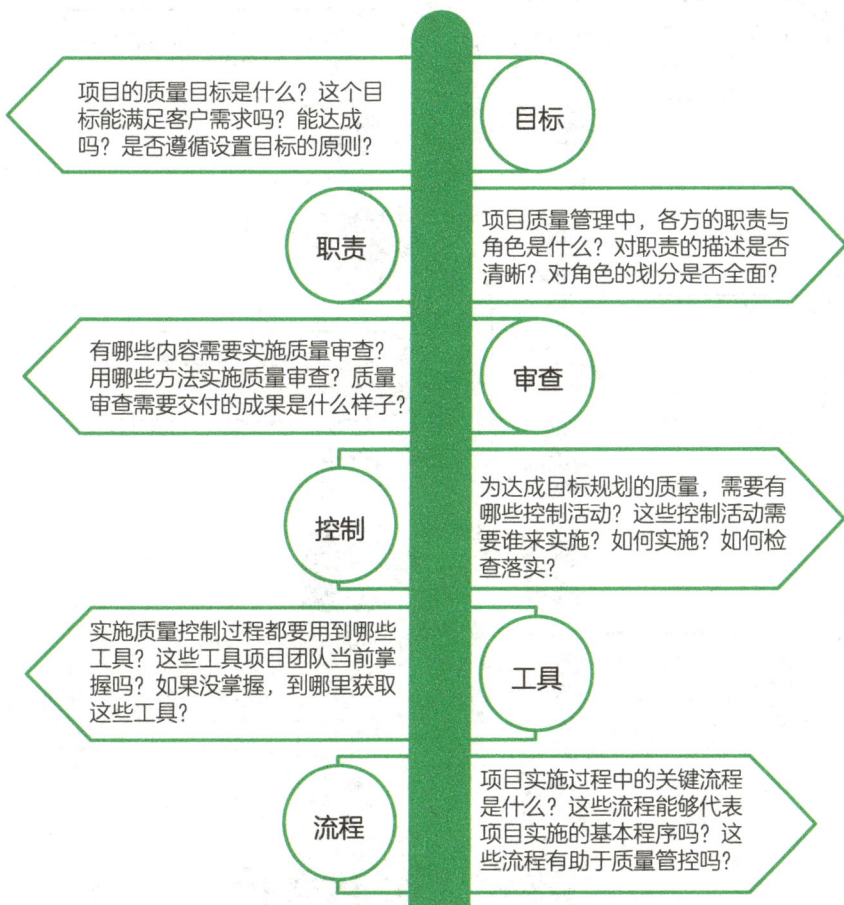

项目的质量目标是什么？这个目标能满足客户需求吗？能达成吗？是否遵循设置目标的原则？

目标

职责

项目质量管理中，各方的职责与角色是什么？对职责的描述是否清晰？对角色的划分是否全面？

有哪些内容需要实施质量审查？用哪些方法实施质量审查？质量审查需要交付的成果是什么样子？

审查

控制

为达成目标规划的质量，需要有哪些控制活动？这些控制活动需要谁来实施？如何实施？如何检查落实？

实施质量控制过程都要用到哪些工具？这些工具项目团队当前掌握吗？如果没掌握，到哪里获取这些工具？

工具

流程

项目实施过程中的关键流程是什么？这些流程能够代表项目实施的基本程序吗？这些流程有助于质量管控吗？

小贴士

因为环境瞬息万变，项目运行过程中也随时面临着变化的可能性。所以项目的质量管理计划不应该是一成不变的。当项目条件发生变化时，项目的质量管理计划也应当发生相应变化。

6.1.3　如何定义质量标准

问题场景

1　现在我们很多项目没做好，有很大的改善空间。

2　什么叫好，什么叫不好？在项目开始前制定过标准吗？

3　这个……你这么一说，我发现自己还真没考虑过这个问题……

4　评判质量好坏，不能靠拍脑袋，先要有明确的标准。

5　确实如此，我回去得让项目经理在项目开始前就定义好项目的质量标准。

6　如果没有标准还有一个问题，就是你前面说"很大"的改善空间，什么是很大？有多大？往哪个方向努力改善呢？这些问题都没有答案。

问题拆解

　　标准是评价的前提，有明确的质量标准，才能准确评判项目质量的好坏。借助标准实施评价后，才能有具体的改善目标、措施、计划和行动。

方法与工具

工具介绍

项目质量标准

每个项目的输出物都应有质量标准。项目质量标准应在项目开始前定义，通过定义质量标准，可以评价项目的质量。制定项目质量标准时，可以参照项目所在行业的标准，有特殊要求的特定标准或参考同类项目或产品的标准。

项目质量的 3 个标准

行业标准

特定标准

同类标准

包括国际标准、国家标准，地区标准、权威机构标准等。

包括项目需求方制定的标准、项目用户制定的标准、特殊项目的标准等。

包括同类产品的标准，同类服务的标准、同类项目的标准等。

应用解析

项目质量标准须具备的 4 个特点

项目的质量标准应以客观事实为依据，尽量做到数据化，不能全靠人的主观判断。

项目的质量标准要有明确的衡量方法，这里的衡量方法不能模棱两可，不然无法衡量。

客观

特性　　　方法

管理

如果项目的输出物是某种产品，应当将产品的特性描述清楚，例如产品的质量、强度、硬度、成分等。

要达到项目质量标准的结果，通常对管理有一定要求，此时应当有项目的管理标准。

小贴士

在做项目质量标准定义时需注意，客观不等于量化。客观应以某种事实为依据。事实有时能够被量化，有时不能被量化。但事实是否发生，是客观的。只要是客观的，就是能够被衡量的，就可以作为项目质量标准中的一项。

6.2 质量过程管理

管好过程，才可能有好的结果，在质量管理中，这一点更是如此。质量过程管理决定了和质量管理的结果。要管住过程，项目经理应向员工传递质量意识，管控住流程的质量，通过学习标杆提高项目的质量水平。

6.2.1 如何传递质量意识

问题场景

1 我得让项目经理多培养一下员工的责任心，这样有助于项目得到好的质量结果。

2 先不说这个想法怎么样，你准备如何培养员工的责任心呢？

4 不用想了，现实是没法实施。与其说培养员工的责任心，不如说培养员工的习惯。

3 这个……我还没想好……

6 习惯比责任心更牢靠，而且可以被培养。员工养成习惯后，不按照习惯做事会不自然。但责任心却不一定。

5 培养习惯？怎么理解呢？

问题拆解

　　项目经理不能只靠员工的责任心来管理员工。因为责任心既是不可控的，又是很难被培养的。相比之下，培养员工的习惯比培养员工的责任心更容易实施。培养员工的习惯等于间接在培养员工的质量意识，这也是在团队内部实行全面质量管理需要做的。

方法与工具

工具介绍

全面质量管理

项目管理中的全面质量管理（TQC，total quality control），指的是以质量结果为目标，项目中全体相关人员参与的质量管理。质量管理是自上而下的，需要全员参与，既然需要全员参与，就不仅需要员工具备质量管理意识，而且需要具备高质量的质量输出要求。项目经理要培养员工高质量工作的习惯，让员工高质量、高效率地完成项目要求。

全员质量管理的 4 个关键

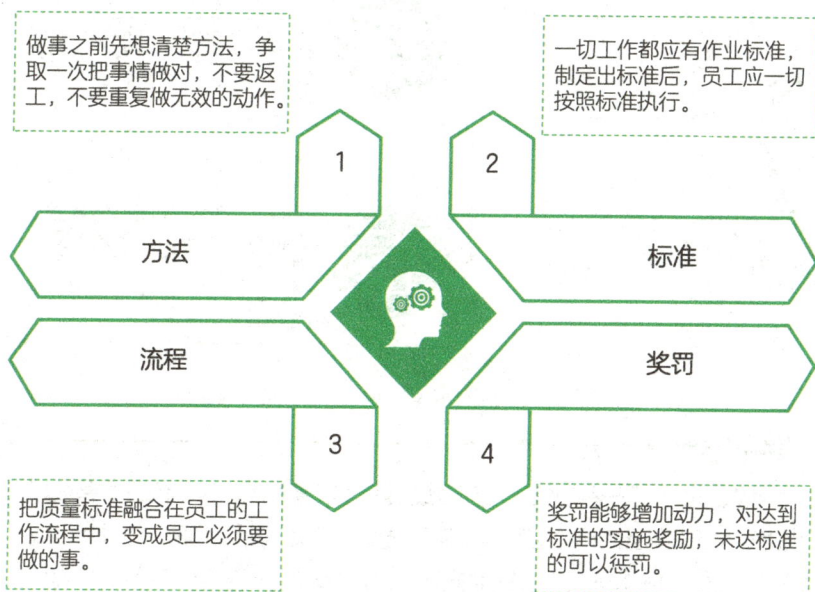

做事之前先想清楚方法，争取一次把事情做对，不要返工，不要重复做无效的动作。

一切工作都应有作业标准，制定出标准后，员工应一切按照标准执行。

1 方法

2 标准

流程 **3**

奖罚 **4**

把质量标准融合在员工的工作流程中，变成员工必须要做的事。

奖罚能够增加动力，对达到标准的实施奖励，未达标准的可以惩罚。

应用解析

全面质量管理的 4 项原则

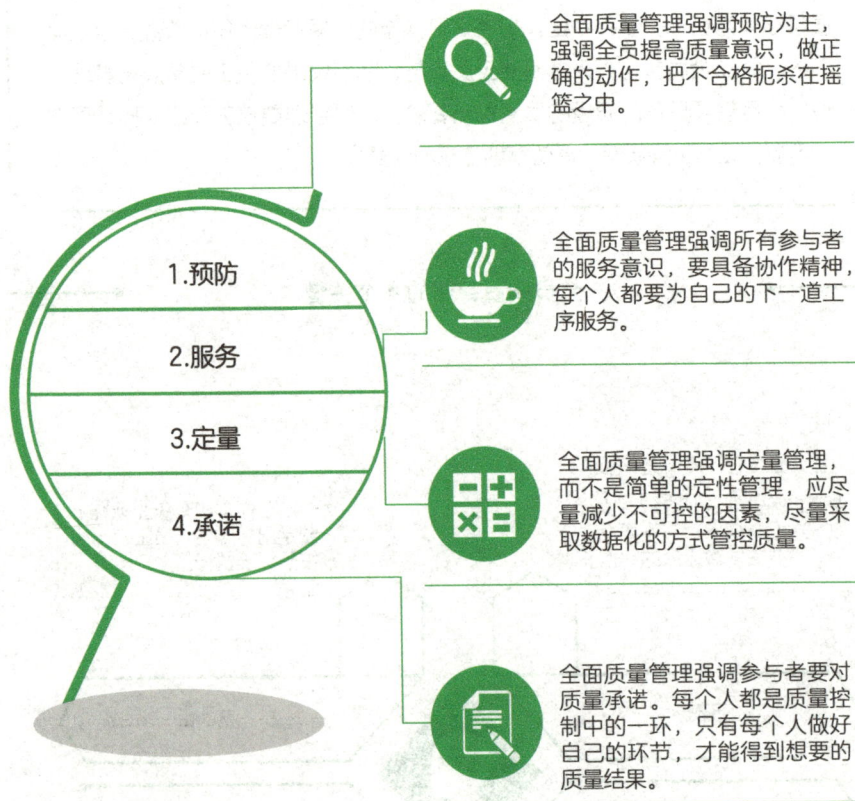

全面质量管理强调预防为主，强调全员提高质量意识，做正确的动作，把不合格扼杀在摇篮之中。

1.预防

2.服务

3.定量

4.承诺

全面质量管理强调所有参与者的服务意识，要具备协作精神，每个人都要为自己的下一道工序服务。

全面质量管理强调定量管理，而不是简单的定性管理，应尽量减少不可控的因素，尽量采取数据化的方式管控质量。

全面质量管理强调参与者要对质量承诺。每个人都是质量控制中的一环，只有每个人做好自己的环节，才能得到想要的质量结果。

小贴士

　　意识的本质是一种习惯，让项目成员养成质量意识，最好的办法是让项目成员养成高质量工作的习惯。如何帮助项目成员养成习惯呢？通过项目成员不断做出正确的动作，用正确的思维和方法做事，能够帮助项目成员养成高质量工作的习惯。

6.2.2　如何管控流程质量

问题场景

1 质量管理计划中的流程具体指的是什么呢?

2 就是整体梳理项目流程,找到流程中可能出问题的环节。

3 这就是所谓"见缝插针"式的管理吧。

4 可以这么理解,通过找到项目运营流程中的薄弱环节,分步实施质量管理。

5 怎么划分项目流程步骤,找到质量薄弱环节呢?

6 可以用SIPOC系统模型。

问题拆解

　　管住结果的前提是管住过程,质量管理计划中对流程的管理就是一种管住过程的方式。通过对项目流程实施分解,分段式观察项目流程中可能存在问题的环节,把问题扼杀在萌芽之中。

🔑 方法与工具

工具介绍

SIPOC 系统模型

对项目整体实施质量管理时，可以用到 SIPOC 系统模型，把项目看成 5 个部分，分别是供应商（supplier），输入（input），流程（process），输出（output），客户（customer）。

每个项目都可以通过 SIPOC 系统模型画出流程结构，找到流程结构中的关键要点，从而实施质量管理。

SIPOC 系统模型示意图

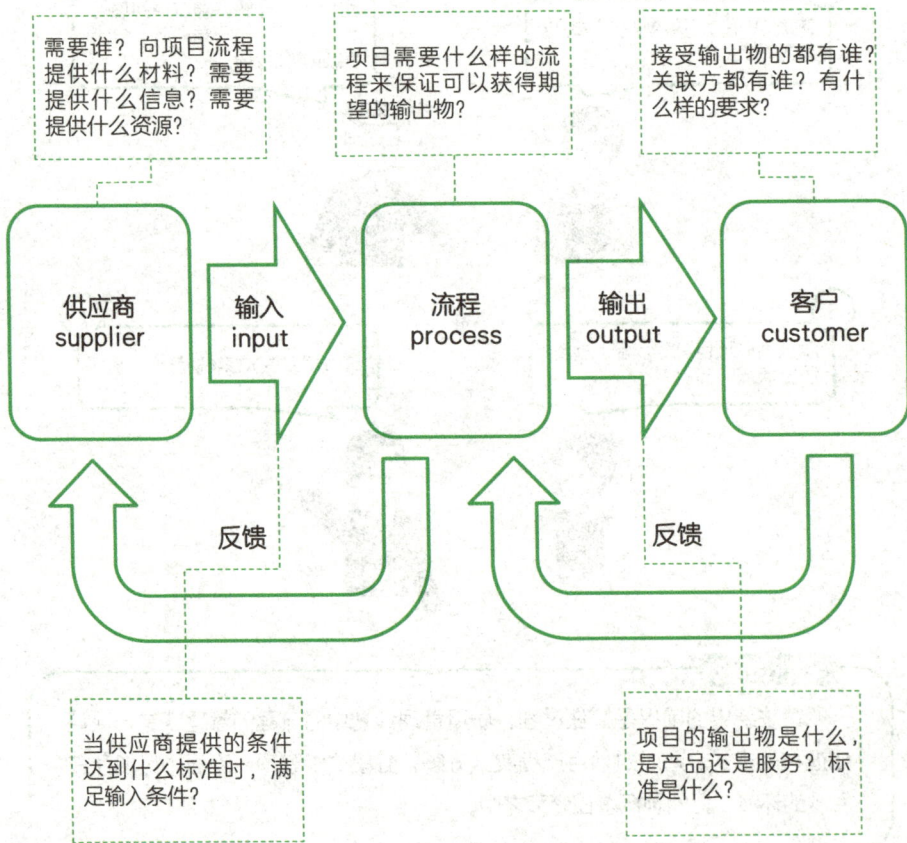

需要谁？向项目流程提供什么材料？需要提供什么信息？需要提供什么资源？

项目需要什么样的流程来保证可以获得期望的输出物？

接受输出物的都有谁？关联方都有谁？有什么样的要求？

供应商 supplier → 输入 input → 流程 process → 输出 output → 客户 customer

反馈

反馈

当供应商提供的条件达到什么标准时，满足输入条件？

项目的输出物是什么，是产品还是服务？标准是什么？

应用解析

质量管理矩阵示意图

项目内容	供应商 supplier	输入 input	流程 process	输出 output	客户 customer
产品设计开发	产品设计团队	1.产品参数 2.客户期望 3.订单合同	1.设计流程 2.开发周期 3.技术支持	1.测试版本 2.使用说明 3.文件记录	产品运营团队
物资采购	采购团队	1.采购流程 2.订单要求 3.物资计划	1.供应商管理 2.合同管理 3.品质交期管理	1.采购订单 2.采购合同 3.产品交付	整个项目团队
财务管理	项目经理	1.财务预算 2.项目计划 3.费用申请	1.财务审批流程 2.付款监控流程 3.审计流程	1.财务分析 2.总结报告 3.财务凭证	项目需求方
数据分析	运营团队	1.外部调研数据 2.内部统计数据 3.数据分析要求	1.运营流程 2.数据抓取 3.软件应用	1.分析报告 2.决策计划 3.改善措施	项目经理 项目需求方

小贴士

　　SIPOC 系统模型的核心理念是寻找管理中的薄弱环节，针对薄弱环节实施质量管理。寻找薄弱环节的方法是先运用 SIPOC 系统模型的逻辑设置内容矩阵，再从内容矩阵中找到可能出问题的环节。

6.2.3 如何提高质量水平

1 项目经理总是管不好项目质量，应该是没掌握方法。

2 可以通过学习，提高项目输出的质量水平。

3 看来我要多组织一些培训，让大家学习。

4 学习是好事，你准备让大家学习什么呢?

5 我也没想好，总之多学习就对了。

6 如果不知道学什么，最简单直接的办法就是学习标杆。

问题拆解

标杆是最佳实践。通过学习最佳实践，能帮助团队快速找到正确的方向和方法。学习标杆是一种成本低、效率高、效果好的学习方法。当团队输出成果有问题时，适合通过标杆学习法提升团队的整体能力。

方法与工具

工具介绍

标杆学习法

标杆学习法是通过研究分析标杆，学习借鉴标杆的做法，从而提升自身水平，提高输出质量的学习方法。标杆学习法因为是向标杆学习，目标方向明确，实施起来并不复杂。标杆学习法可以提高团队的绩效水平，超越竞争对手，降低团队的学习成本，增加团队的管理质量，有助于团队建立学习型组织。

标杆的 4 种类型

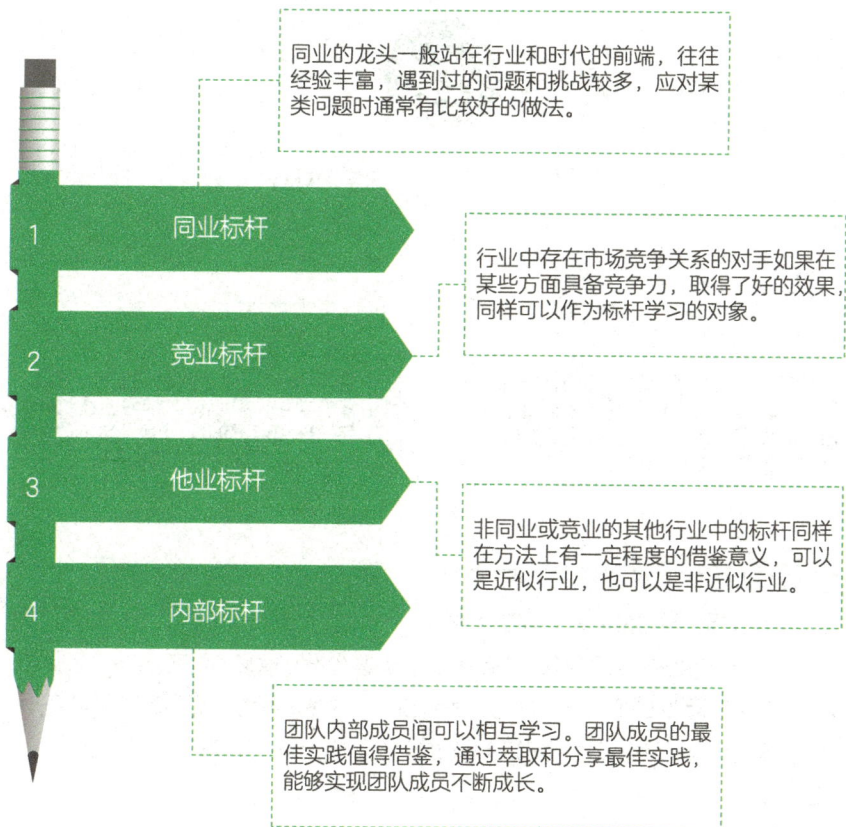

同业的龙头一般站在行业和时代的前端，往往经验丰富，遇到过的问题和挑战较多，应对某类问题时通常有比较好的做法。

1 同业标杆

行业中存在市场竞争关系的对手如果在某些方面具备竞争力，取得了好的效果，同样可以作为标杆学习的对象。

2 竞业标杆

3 他业标杆

非同业或竞业的其他行业中的标杆同样在方法上有一定程度的借鉴意义，可以是近似行业，也可以是非近似行业。

4 内部标杆

团队内部成员间可以相互学习。团队成员的最佳实践值得借鉴，通过萃取和分享最佳实践，能够实现团队成员不断成长。

应用解析

标杆学习法的实施步骤

实施标杆学习法的第1步是选准要学习的标杆对象。这里的标杆不仅应当是优秀的，还要是和自己情况类似的，适合学习，且能够学习到的。

标杆为什么做得好需要分析。要分析标杆，可以先收集标杆的资料，必要时组建分析小组，做标杆和自己的差距分析。

1.找到标杆

2.分析标杆

4.评估改进

3.学习标杆

学习的目的是为了提高，实施标杆学习法之后，要评估是否有所提高。如果提高了，如何进一步提高？如果没有提高，如何改进？

学习标杆的方式可以有很多，可以参观学习，可以讨论学习，通过研究标杆和自己的异同点，学习适合自己的，取其精华去其糟粕。

小贴士

实施标杆学习法时有 3 点注意事项：

1. 要做足够的资料收集、筛选和分析，减少没有意义的资料。

2. 不同团队的情况是不同的，适合自己的才是最好的，而不是盲目学习。

3. 标杆学习法的理念是用最低的成本学习最佳实践，讲究学习的投入产出比。

6.3　质量结果评判

评判项目质量，既要评断过程质量，又要评判结果质量。要管控项目实施过程中的质量，需要实施质量检查。要评价项目结果的质量，需要实施质量评价。当发现质量问题时，要查找问题的根本原因，针对问题采取质量改进计划。

6.3.1 如何实施质量检查

🔒 **问题场景**

1
项目团队定好质量目标，做好质量计划，提高质量意识后，项目就容易达到预期结果了吧?

2
项目质量管理同样要注意过程管理。

3
过程管理主要应该做什么呢?

4
检查就是其中一项必要的工作。

5
这么说也对，我们很多项目经理平时工作没少布置，但检查做得太少。

6
人们更愿意做上级检查的工作，检查频率和工作质量往往呈正比。

问题拆解

项目质量管理的过程管理主要体现在项目经理的检查上。检查能促使员工按照既定的标准和正确的动作开展工作。项目经理实施检查时，不一定要检查那些可能出问题的团队成员，那些原本比较优秀的团队成员一样要检查。所谓越信任，越检查;越检查，越信任。

方法与工具

工具介绍

项目质量检查

检查是提升质量的方法之一。通过检查，项目经理能够发现质量管理的不足，可以针对不足实施改进。实施检查前，项目经理要根据项目中的质量管控要素，形成项目质量检查表。

项目质量检查的 4 个关键

实施项目质量检查前，要先确定检查项目，根据检查项目设计检查工具表。检查工具表中的内容是项目质量管控的重点项目。

检查的频率应根据项目特点设计。在管理成本允许的情况下，一般检查频率越高，越容易发现质量问题。

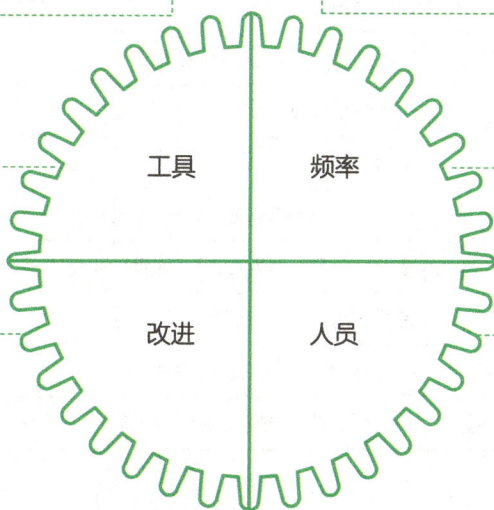

工具　频率

改进　人员

检查不是目的，通过检查发现问题、解决问题才是目的。实施检查后，相关责任人要根据检查结果制定相应措施，从而实施整改。

质量检查需要人来实施。实施质量检查的人要对检查项目有足够的了解，不仅要有实施检查的能力，还要有实施检查的动力。

应用解析

案例：项目质量检查样表

检查类别	检查项目	项目说明	检查结果	应对措施
硬件检查	线缆梳理	所有系统使用的线缆是否梳理清晰？		
	设备标识	所有服务器、设备等是否有明确标识？		
	硬件环境	机房环境是否卫生整洁？		
	警示标识	所有硬件设备上是否有警示标识？		
软件检查	软件齐全	所有软件是否安装齐全？		
	安全检查	针对网络安全的相关软件是否齐全？		
	编程质量	是否按照项目计划要求实施编程？		
	漏洞检查	软件是否存在漏洞？		
运维检查	运行测试	是否按要求进行了运行测试？		
	操作记录	是否有按照项目要求的操作记录？		
	应急方案	是否准备了应急事件发生时的应对方案？		
	审批记录	是否有运维相关流程运行的审批记录？		
台账检查	检查记录	硬件、软件、运维的日常检查记录是否齐全？		
	培训记录	是否按照项目计划实施培训？		
	服务器台账	服务器台账中的内容是否齐全？		
	证书检查	项目相关的资质证书是否齐全？		

小贴士

　　虽然关于质量的检查很重要，但也要注意正视检查的作用。检查能促进质量管理，但质量管理不能全靠检查。有的项目团队质量管理做得较差，试图通过频繁检查来代替质量管理，这种做法是本末倒置。

6.3.2 如何实施质量评价

问题场景

1 有了项目实施过程中的质量检查后，确实能发现不少问题。

2 在项目结尾，可以通过评价项目质量，从整体上发现问题。

3 过程有检查，结尾有评价，这样确实就全面了。

4 过程检查可以多次，结尾评价只有一次，所以项目经理实施的时候要重视。

5 质量评价不应该是项目需求方来评价项目经理的吗？

6 有时候是。当没有外部人员评价时，项目经理要自己做好质量评价的自评。

问题拆解

项目结尾的质量评价是项目质量管理的必备环节，是对项目实施结果的评价。项目质量评价可以由项目外部人员实施，也可以由项目经理实施。就算没有来自外部的质量评价，项目经理也应当进行质量评价。

🔑 方法与工具

项目质量评价

项目质量评价指的是在项目结束阶段，根据项目相关方的要求或项目经理自行对项目质量进行评价。项目质量评价是项目经理整体总结项目质量的重要工作，是对项目结果的总结。通过项目质量评价，项目经理可以回顾项目存在的问题，为下一次实施项目做好准备。

项目质量评价的 3 个原则

客观　质量评价应当以客观事实为依据

质量评价应全面覆盖项目的关键内容　全面

项目质量评价结果要反馈给相关人员

反馈

项目质量评价的 3 种类别

项目验收评价

对项目竣工验收相关的评价

对项目投入回报情况的评价

项目效益评价

项目管理评价

对项目人事物管理方面的评价

应用解析

项目质量评价报告包含内容

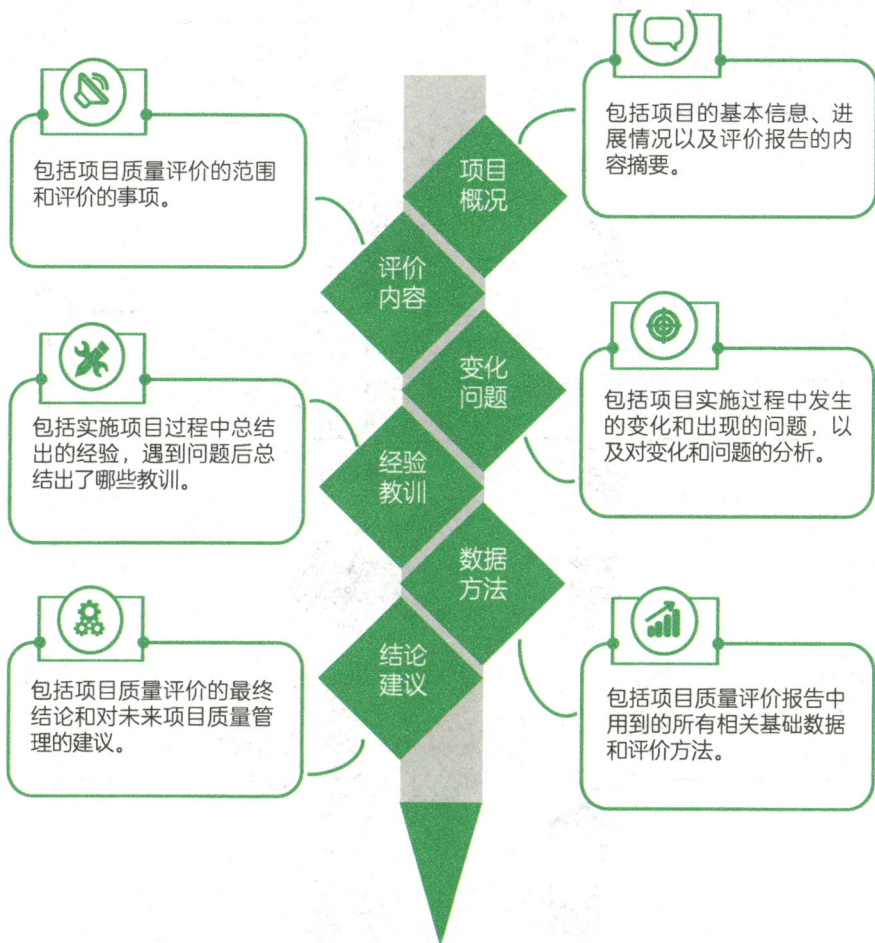

包括项目质量评价的范围和评价的事项。

评价内容

项目概况

包括项目的基本信息、进展情况以及评价报告的内容摘要。

变化问题

包括项目实施过程中发生的变化和出现的问题，以及对变化和问题的分析。

包括实施项目过程中总结出的经验，遇到问题后总结出了哪些教训。

经验教训

数据方法

包括项目质量评价报告中用到的所有相关基础数据和评价方法。

包括项目质量评价的最终结论和对未来项目质量管理的建议。

结论建议

小贴士

很多项目中有项目审计报告。项目审计报告是根据国家法律法规、财务制度、项目章程等对项目活动的合法性、合规性和合理性进行的审核，通常由第三方审计机构实施。项目审计报告应当具备一定的独立性和权威性。项目审计报告不仅可以在项目结束后实施，也可以在项目开始前和运行中实施。

6.3.3 如何查找问题原因

问题场景

1 很多时候，我们是知道自己做得不好，却不知道怎么能做得好。我看主要还是员工的能力不行。

2 别直接下结论，还是要找到问题的根本原因。

NO!

3 确实，对于项目中的失败，我们要好好找原因。

4 不仅要对失败找原因，对项目的成功也要找原因。这样不仅可以化失败为成功，也可以让成功更成功。

5 有道理！怎么找到问题的根本原因呢？

6 可以通过连续问"为什么"的方式查找原因。

问题拆解

当发现项目出现问题时，首先要做的，不是对项目成员批评否定，不能一开始就将其归结为人的能力问题，应当查找问题背后的根本原因。查找原因时，不仅要对项目中的失败查找原因，对项目中的成功也要查找原因。通过连续问"为什么"，找到问题的根源。

方法与工具

工具介绍

连续问为什么

当项目没有达到预期时，多问几个为什么？直到找到没有达到预期的真正原因。然后针对真正的原因，和团队一起找出解决方案。

项目工作达不到预期，原因有很多，不仅只有员工层面的原因。比如，可能项目预期不现实；可能团队的工作资源决定了无法完成工作；可能团队能力没有达到完成工作的条件。

就算确实是员工层面的原因造成了问题的出现，通过连续问为什么，也可以帮助员工找到问题的根源，从根本上解决问题。

连续问为什么，查找问题的流程

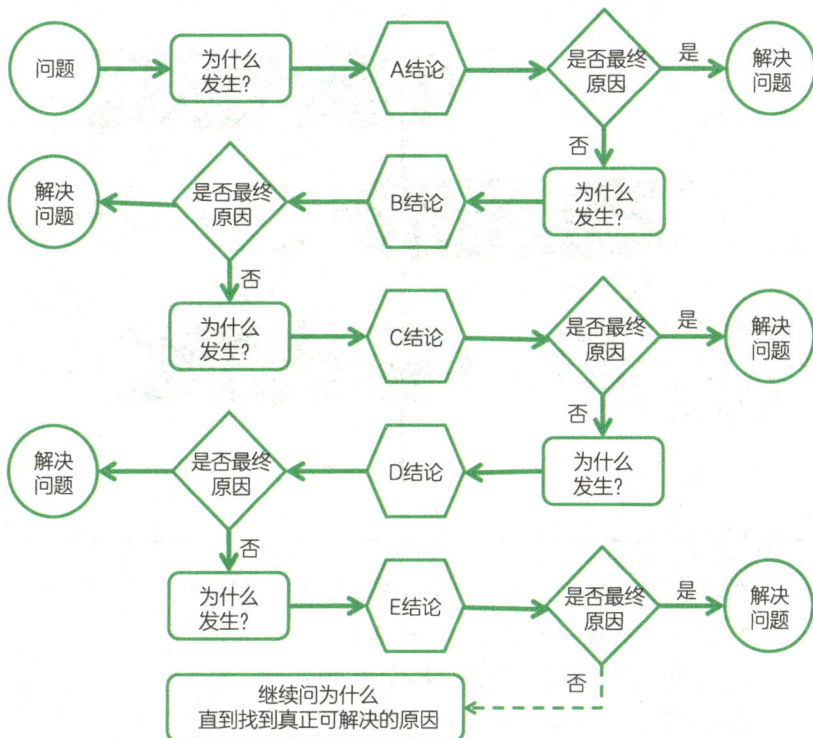

应用解析

举例：某公司财务系统升级项目问题原因查找

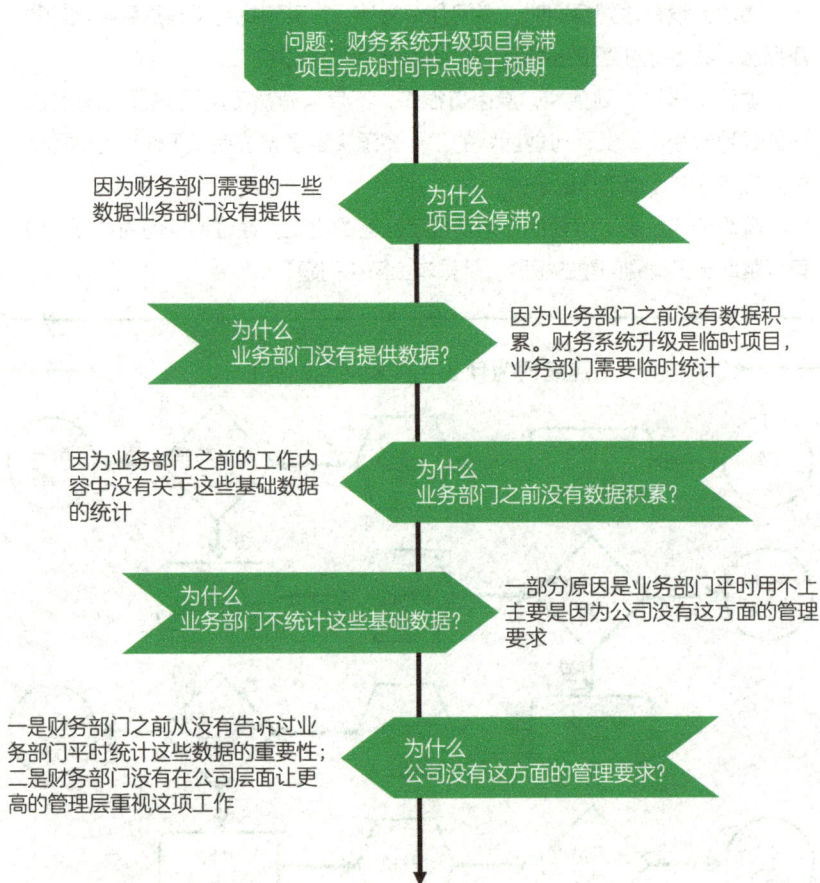

问题：财务系统升级项目停滞
项目完成时间节点晚于预期

因为财务部门需要的一些
数据业务部门没有提供

为什么
项目会停滞？

为什么
业务部门没有提供数据？

因为业务部门之前没有数据积
累。财务系统升级是临时项目，
业务部门需要临时统计

因为业务部门之前的工作内
容中没有关于这些基础数据
的统计

为什么
业务部门之前没有数据积累？

为什么
业务部门不统计这些基础数据？

一部分原因是业务部门平时用不上
主要是因为公司没有这方面的管理
要求

一是财务部门之前从没有告诉过业
务部门平时统计这些数据的重要性；
二是财务部门没有在公司层面让更
高的管理层重视这项工作

为什么
公司没有这方面的管理要求？

小贴士

在针对问题，持续问为什么，查找原因的时候，要注意：

1. 不要总找外部原因，要多从内部找原因；

2. 不要总找客观原因，要从主观上找原因；

3. 不要总找次要原因，要从顶层出发找主要原因。

07

项目风险管理 ———

💎 **本章背景**

1 很多项目经理在实施项目时，总在意想不到的环节上出问题，有时候可能影响项目进度，有时候可能造成项目失败。

2 这应该是因为没有管控好项目风险。

3 可是风险之所以叫风险，不就是因为它不可预测吗？

4 风险并不是不可预测的，项目经理可以通过风险管理把风险控制在一定范围内。

5 那项目经理应该怎么做风险管理呢？

6 别急，做风险管理的第一步是识别风险。

背景介绍

　　项目中的风险不是无法避免、无法预知的，也不是无法防控的。通过科学的方法，项目经理可以识别出项目风险，判断风险的优先级顺序，提前做好风险的预防，想好应对风险的方法。

7.1　风险定义应对

　　要管控项目中的风险，首先要看到风险，识别出哪里可能存在风险。不同风险的严重程度是不同的，应当根据可能存在的风险对风险划分等级。对待风险的方式并非千篇一律，对不同的风险，可以采取不同的应对方法。

7.1.1 如何识别项目风险

问题场景

1　说起识别风险，好像很难吧，项目上到处都可能存在风险。

2　所谓"到处"，也是有范围的吧，识别风险，正是要找到那个"到处"的范围。

3　那要从哪里开始找呢？

4　可以随着项目的流程或工作内容找，顺藤摸瓜，一项一项地找风险。

5　那看来对项目经理的能力要求又高了。

6　项目经理就算能力再强，一个人的思考毕竟是有限的，可以引入外部专家或团队成员的智慧。

问题拆解

　　风险并不是不着边际的虚妄，识别风险并不是漫无目的地胡乱摸索，而是有规律可循的，可以有条理、有方法地实施。识别风险也并不是只能项目经理一个人完成，还可以借助外脑共同实施。

方法与工具

工具介绍

识别项目风险

　　每个项目都存在风险，为避免项目实施过程中出现问题，在项目开始前，项目经理应做好风险防控。风险防控的第一步是识别风险。项目经理识别风险的方法通常有 4 种，分别是通过假设限制、工作内容、过往经验和头脑风暴来识别风险。

识别风险的 4 种方法

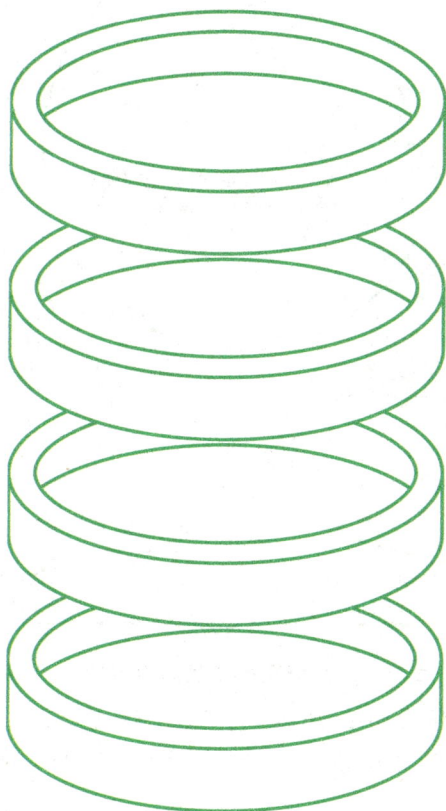

1.假设限制
在研讨项目可行性方案和设计项目计划的初期，对项目预估可能存在的假设和限制，都可能成为影响项目成败的风险因素。

2.工作内容
经过WBS工具分解后的每项工作内容都对应着风险，这些工作内容可能会出错，可能有不同的制约因素，这些都可能成为项目风险。

3.过往经验
在过往项目中，可能出现过各类意想不到的风险。这些风险对未来类似的项目具有指导意义。这一点也能看出做好过往项目备忘有多重要。

4.头脑风暴
集思广益总能发现一个人的智慧所看不到的东西，通过头脑风暴，可以用更多人的智慧去发现可能存在的风险。

应用解析

项目风险的 4 种类型

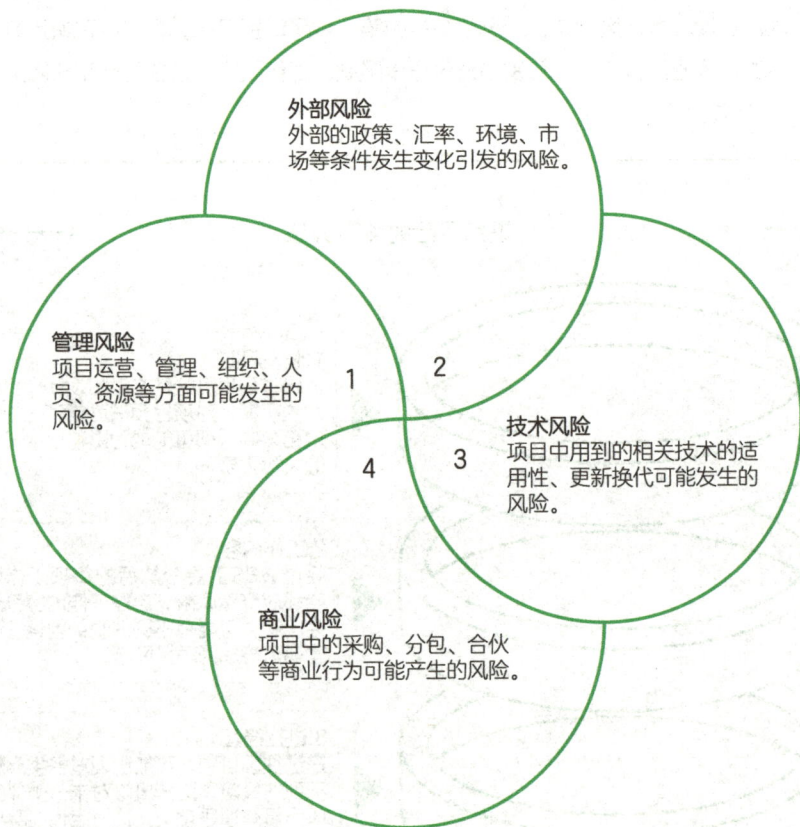

外部风险
外部的政策、汇率、环境、市场等条件发生变化引发的风险。

管理风险
项目运营、管理、组织、人员、资源等方面可能发生的风险。

1

2

技术风险
项目中用到的相关技术的适用性、更新换代可能发生的风险。

4

3

商业风险
项目中的采购、分包、合伙等商业行为可能产生的风险。

小贴士

　　根据项目特性不同，每种项目可能存在风险类型的侧重点是不同的。项目经理在实施风险管理时，可以提前了解之前同类项目发生过的风险主要集中在哪些方面，通过提前在这些方面采取防控措施，从而降低风险的发生概率。

7.1.2 如何评估风险等级

问题场景

1 识别出来的风险源那么多，都不知道该怎么管控了。

2 如果能给风险划分出优先级顺序，分清楚主次，就可以先把主要精力用在对重点风险的管控上了。

3 怎么划分出优先级顺序呢？

4 可以做风险等级评价。根据风险等级大小对风险排序，从而制定对应的控制方法或整改方案。

5 怎么进行风险等级评价？风险还可能被量化吗？

6 在设定出一定的规则后，风险是能够被量化的。

问题拆解

　　项目经理的时间精力有限，不可能对所有风险面面俱到。当识别出的风险源比较多时，可以对不同的风险赋值，或划分出风险等级，对风险的高低排序，目的是区分出高风险事件和低风险事件，把主要精力用在应对高风险事件上。

方法与工具

工具介绍

风险量化方法

在一定的规则之下，是可以实现量化风险的。在识别风险源之后，可以把风险按照可能性、频繁度和后果划分成三个维度，并给这三个维度分别量化赋分，通过对这三个维度的综合分析和计算，得出风险等级。

经过工作检查，生产型团队管理者能在生产现场发现比较多的风险源。要完全改变这些风险源，需要一定的时间、相应的方案，也需要有做事的先后顺序。这就需要团队管理者在识别风险源之后，做出风险等级评价。根据风险等级，制定对应的控制方式或整改方案。

风险量化的 3 个维度

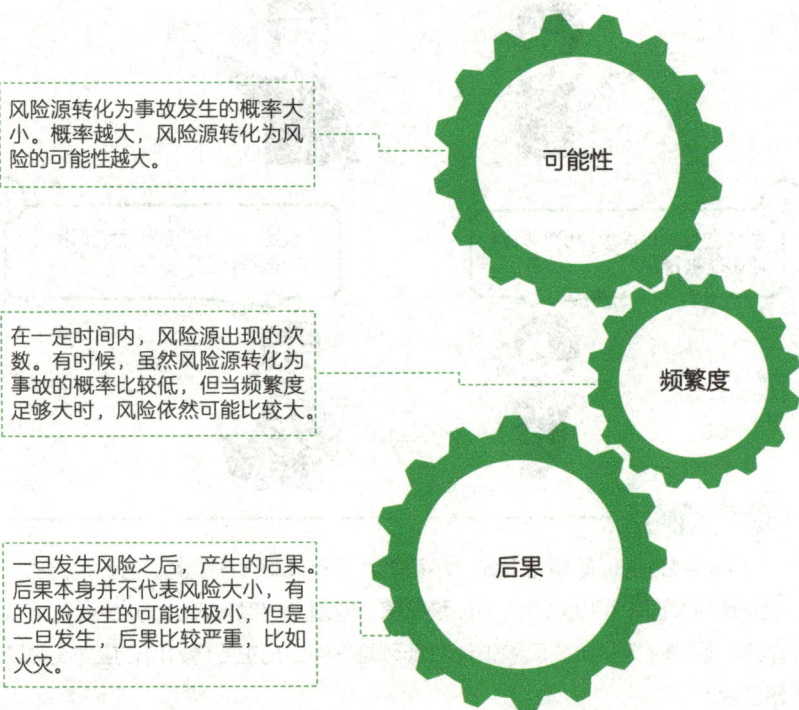

风险源转化为事故发生的概率大小。概率越大，风险源转化为风险的可能性越大。

可能性

在一定时间内，风险源出现的次数。有时候，虽然风险源转化为事故的概率比较低，但当频繁度足够大时，风险依然可能比较大。

频繁度

一旦发生风险之后，产生的后果。后果本身并不代表风险大小，有的风险发生的可能性极小，但是一旦发生，后果比较严重，比如火灾。

后果

应用解析

风险量化方案应用案例

举例：
某公司生产部门对风险发生的可能性、频繁度和后果的评分定义如下表所示。

分值	风险发生的可能性
10	极为可能
6	很有可能
3	可能，但非经常
1	可能性较小，若发生属于意外
0.5	不太可能，但可以设想
0.2	几乎不可能
0.1	完全不可能

分值	风险发生的频繁度
10	每天不定时连续发生
6	每天工作时间内发生
3	大约每周发生一次
2	大约每月发生一次
1	大约每季度发生一次
0.5	大约每年或更多年发生一次

分值	风险发生的后果
100	群死群伤
40	数人死亡
15	一人死亡
7	出现重伤
3	出现残疾
1	有人受伤

计算风险等级的公式为：
风险等级分值＝可能性分值×频繁度分值×后果分值
根据风险得分判断风险等级如下表所示。

风险等级分值	风险等级	代表的风险程度
大于320	重大风险	极其危险，坚决停止作业，立即整改，整改完成前不得开始作业
160~320	较大风险	高度危险，停止作业，立即整改，整改过程中视情况恢复作业
70~160	一般风险	明显危险，需要整改，视情况可以不停止作业
20~70	较低风险	一般危险，需要引起注意，可以在作业过程中整改
小于20	低风险	危险较小，能够接受

根据风险评估，确定风险管控的优先级顺序和行动方案如下表所示。

序号	可能的风险源/危害因素	可能发生的事故类别	风险等级评估				现有的控制方式/整改方案	责任人	完成时间
			可能性	频繁度	后果	风险等级			

小贴士

团队管理者根据风险源/危害因素的不同，判断可能发生的事故类别，这时候，可以把控制方式和整改方案作为团队除生产工作之外的生产安全整改工作重点，并划定相应的责任人和整改完成时间，以便生产安全工作的检查落实。

7.1.3　如何应对项目风险

问题场景

1 项目中的风险那么多，有什么办法减少风险呢？

2 项目风险不一定要减少，还可以通过转移风险的方式来应对风险。

3 啊？那不等于是忽略风险了吗？

4 严格来说，忽略风险也不失为一种选择，就是接受风险。

5 什么？忽略风险也可以？那还做什么风险管理？

6 没有绝对意义上的安全，所谓的安全，其实是在一定程度上忽略了风险。

问题拆解

　　应对风险的方式有很多，降低风险只是其中一种方式。有时候，允许风险存在也是一种选择。任何管理行为都有管理成本，应对风险也是。一味追求降低风险，管理成本较高。为了减少管理成本，可以采取多种风险应对方式。

方法与工具

工具介绍

应对风险的 4 种方法

风险是无处不在的。所谓的安全，只是把风险控制在了可接受的范围内。减少风险需要付出管理成本。为了把管理成本控制在一定范围内，面对不同类型的风险，有不同的应对方法，较小的风险可以接受，中等的风险可以规避，较大的风险可以转移，不能忽略的风险可以采取措施降低风险发生概率。

应对风险的 4 种方法

风险不一定要改善，对于比较小的风险，或改善成本较高的情况，接受风险也不失为一种应对风险的方法。

对于一些难以管控或没必要管控的风险，可以通过改变项目计划或改变工作内容的方法来规避风险。

接受　　规避

转移　　减少

风险是能够被转移的，可以把自己的风险变成别人的风险，将风险转移到别处也是一种应对风险的方法。

当风险不能被接受、规避或转移时，对于一些有必要管控的风险，可以做相应的措施，将风险管控在合理范围内。

应用解析

不同风险等级对应的处理方法

风险等级	优先考虑	其次考虑	最后考虑
高风险	转移	规避	减少
高风险	规避	转移	减少
低风险	规避	接受	减少

小贴士

　　同一个风险对不同团队、不同人的意义是不同的，有的人认为风险大，有的人认为风险小；有的人有能力管控这个风险，有的人没有能力管控这个风险；有的人觉得这个风险发生了可以接受，有的人认为不可以接受。所以，转移风险是一种非常巧妙的风险应对方法。当发现某个风险是个大风险，自己没有能力管控，发生之后不可以接受的时候，可以优先考虑转移风险。

7.2 风险检查预防

对风险的预防永远比发生风险后的应对更重要。通过实施风险检查，安全评估和实施全员安全管理，有助于团队发现风险源，识别出高风险事项，提前实施管控，从而减少项目发生风险的可能性。

7.2.1 如何进行风险检查

问题场景

1 那么多可能的风险要怎么发现呢？而且这些风险总会有遗漏的情况吧？

2 可以通过定义和管控风险源的方式来发现和管控风险。

3 什么是风险源？就是发生风险的源头吗？

4 没错，找到风险源，围绕风险源做文章，会让风险管控事半功倍。

5 怎么找到风险源呢？

6 项目开始前可以用识别项目风险的方法定位风险源，项目开始后可以通过检查找到风险源。

问题拆解

　　风险是由风险源引起的，防控风险的本质是对风险源的防控。检查是识别和定位风险源的有效方法。根据对项目存在的风险事项实施检查，能够准确快速地找到风险源，从而对风险源实施防控。

方法与工具

工具介绍

风险源

　　风险的发生源于风险源，就像火灾的发生源于火源。预防火灾，应妥善使用明火。预防风险，也应妥善应对风险源。风险源是不可避免的，通过查找风险源，对风险源实施防控，有助于减少项目发生风险的概率。风险无处不在，风险源也无处不在。要找到风险源，可以采取定期检查的方法。

风险源的分类

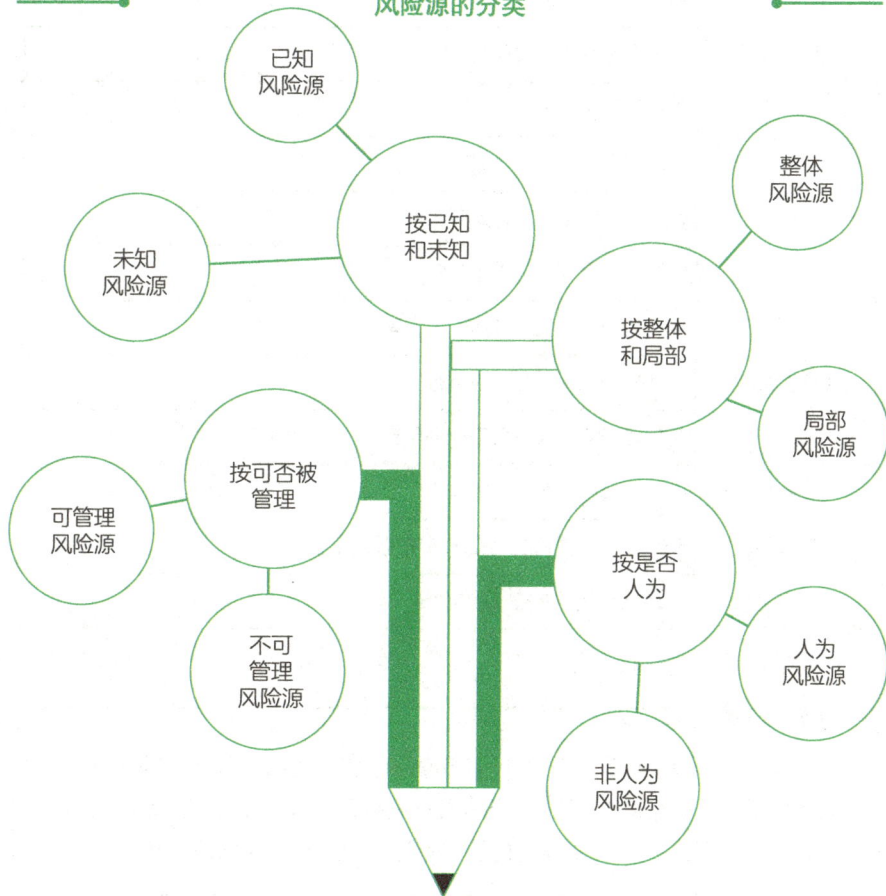

已知风险源

未知风险源

按已知和未知

整体风险源

按整体和局部

局部风险源

按可否被管理

可管理风险源

不可管理风险源

按是否人为

人为风险源

非人为风险源

应用解析

案例：项目风险检查样表

风险类型	检查项目	检查结果	改进措施
环境风险	市场会发生较大变化吗？		
	政策会出现新的变化吗？		
	竞争对手有新的动作吗？		
客户风险	客户的需求清晰吗？		
	客户会不会随意改动需求？		
	客户乐于合作吗？		
团队风险	团队成员的凝聚力强吗？		
	团队中存在不稳定因素吗？		
	团队的权责利划分清晰吗？		
关联方风险	供应商的信誉和经营情况稳定吗？		
	合作机构能否配合项目运行？		
	相关领导会不会过分干预项目？		
技术风险	开发人员是否掌握关键技术？		
	开发人员是否有应用技术解决问题的经验？		
	技术标准是否有统一的规范？		

小贴士

项目中的风险可能来自项目的方方面面，勤检查是发现风险的有效途径。运用项目风险检查表实施项目检查是查找风险源的有效方法，通过定期实施检查，不仅可以评估已知风险源的管控情况，而且还能发现未知风险源。

7.2.2 如何进行安全评估

问题场景

1 我想到我们有些项目是生产类的,也存在不少安全隐患。

2 生产管理中不安全的因素通常来源于两种,一种来源于生产过程中不安全的条件,另一种来源于员工不安全的行为。要注意实施作业步骤风险评估。

3 也就是说,除了查找生产条件上的不安全隐患之外,还要规范每个员工的每个作业步骤,做到每个作业步骤的风险最低是吧?

4 是的。当每个作业步骤都能实施风险防控的时候,就实现了从根源上降低风险。

5 查找不安全行为的工作量似乎比较大。

6 如果只靠项目经理来发现不安全行为,确实工作量大,如果让更多员工参与,甚至能发动全员,那查找不安全行为就比较容易了。

问题拆解

　　通过巡查生产现场发现的生产安全隐患大多属于生产环境中不安全的条件,而员工不安全的行为需要更细致的工作才能被察觉、预防和管理。比如生产过程可以分解成不同的作业步骤,每一个步骤都有它的潜在风险、可能造成的危害和对应的控制方法。

🔑 方法与工具

工具介绍

作业步骤风险评估

　　是一种识别员工作业步骤的潜在风险，会出现的问题、偏差、故障，可能产生的后果，发生的原因及可能性，并采取改进措施，减少风险的方法。

　　这是一种从根源上防止发生生产事故的方法。当每个作业步骤的风险都降低的时候，整体的生产团队的风险会自然降低。

作业步骤风险评估的 5 个基本步骤

作业分解 → 识别风险 → 控制方法 → 落实到人 → 评估效果

作业步骤风险评估样表

岗位	作业步骤	潜在风险	可能危害	控制方法	责任人	完成时间	备注

作业步骤风险评估改进示意图

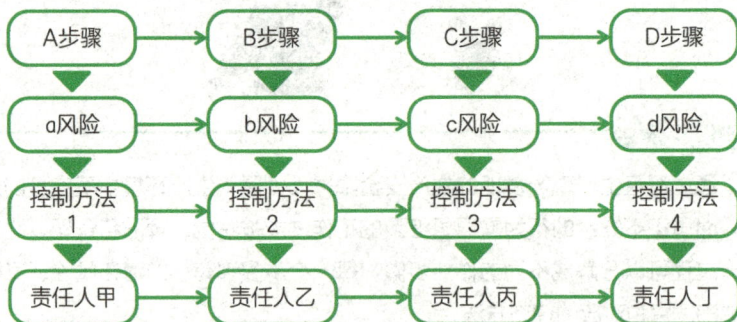

A步骤	B步骤	C步骤	D步骤
a风险	b风险	c风险	d风险
控制方法1	控制方法2	控制方法3	控制方法4
责任人甲	责任人乙	责任人丙	责任人丁

应用解析

作业步骤风险评估的 3 大注意事项

需要进行作业安全分析的作业包括高风险作业、没有常规标准可借鉴的作业、工作任务变换的作业、曾发生过危险的作业、首次进行的作业、技术条件不成熟的作业、全部由新员工操作的作业、比较复杂的作业等。

1.什么样的作业需要进行安全分析?

2.划分作业步骤需要注意什么?

3.降低风险的措施包括哪些?

每个步骤都要具体明确,最好有步骤的编号。一般来说,每项作业划分的工作步骤在3~8项,不能太笼统,也不需要太细致。对每个步骤,简单说明具体要做什么,而不是如何做。
对步骤的描述要使用具体的动作描述,比如打开……关闭……

降低风险的措施可以分成两大类:一是预防,降低发生风险的可能性;二是保护,降低发生风险的严重性。
比如安装安全阀、漏电保护、熔断器等预防风险发生;或者使用安全帽、防砸鞋、防护屏等减轻风险发生的后果。

小贴士

对每个作业步骤的风险评估同样可以从可能性、频繁度和后果三个维度进行风险量化,判断风险等级。作业步骤风险评估在应用的时候要注意形式简单、措施实用、改进方便,以所有一线作业人员易于理解、易于掌握为原则。

7.2.3 如何全员落实安全

问题场景

1
识别出作业步骤的安全隐患之后，做出相应的作业规范，生产安全问题基本上就能够有效防控了吧？

2
恐怕不行，没有持续的检查、评估和改进，团队很难自发做到。需要对生产一线岗位持续做行为观察和行为纠偏。

3
这有可能做到吗？

4
可以设置安全员，由安全员定期对作业人员实施观察。

5
这是个好办法，不过这样新增岗位，用人成本恐怕会提高吧？

6
安全员没必要设置成专职，兼职安全员就可以，如果很多员工都曾经担任过安全员，整个团队的安全意识都会提高。

问题拆解

　　生产上的安全管理很难做到一劳永逸，就算设定出了作业规范，有培训，有要求，但员工有没有真正按照作业规范操作，还需要持续做行为观察和行为纠偏，不断查找和改正员工操作过程中的不安全行为。但这种行为观察管理者一个人很难做到，通过每个员工轮岗做兼职安全员，增强全员的安全意识，实现全员安全管理。

方法与工具

工具介绍

全员安全管理

通过规则和机制，让团队中的每一个人都参与到生产安全管理中。

有一种方式是通过全员轮岗做兼职安全员。兼职安全员要负责实施检查和周围岗位的工作行为观察，对周围作业岗位人员规范的操作给予鼓励，对不安全的行为实施纠偏，并把观察的结果做记录后，交上级安全管理部门，由上级部门定期做统计分析，再反馈给团队。

通过每一个员工轮岗做兼职安全员，员工们的安全意识提高了，从而实现团队全员参与安全管理工作，逐渐形成安全管理工作最坚实的防线。

行为观察中常见 6 种不安全行为种类

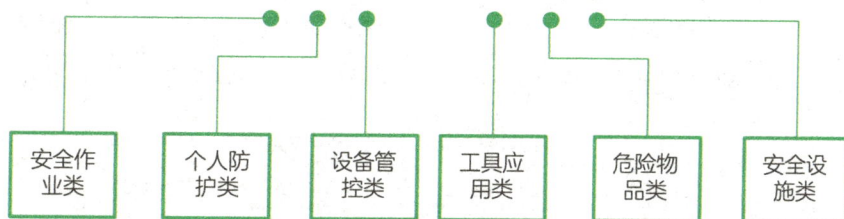

安全作业类	个人防护类	设备管控类	工具应用类	危险物品类	安全设施类

持续的行为观察对作业人员的影响

行为随意 — 员工一开始对团队工作行为的规范要求，尤其是一些关于安全的规范，通常不会重视，表现为工作行为上一定的随意性。

感知环境 — 如果周围的环境中一直有来自团队管理者、全职安全员、兼职安全员等持续的行为观察与纠偏，员工将会感知到来自环境的压力。

开始重视 — 当员工感受到团队对工作行为的持续关注，尤其当持续看到有人因为工作行为得到正激励或负激励的时候，他会开始重视。

做出改变 — 如果这时候，员工发现自己的行为和规范的要求不一致，因为环境的压力以及个人的重视，他会及时做出行为上的改变。

形成习惯 — 当员工在良好的环境中，长时间按照正确的行为方式工作，他们将会形成好的工作习惯，这种习惯很可能伴随员工整个职业生涯。

应用解析

兼职安全员月度考核表格样表

分类	考核指标	指标定义	占比
主考核项	运行安全标准化体系进行行为观察	严格按照安全标准化体系要求开展相关岗位的安全行为观察工作，并做好相关记录	40%
	安全生产检查	1.按照统一安排开展每日安全检查和电缆检查；2.及时参加公司级安全大检查、专项检查等检查	25%
	组织各相关部门、人员开展安全隐患整改	在发现安全隐患并上报后，应当积极租住各相关部门、人员开展安全隐患整改工作，并监督整改落实	15%
	安全、环保设施维护与保养	积极联系维保单位对本单位的安全、环保设施进行定期的维护与保养，确保安全、环保设施的正常运行	10%
	学习与安全、环保有关知识	在日常工作之余积极学习安全生产、环境保护等方面的相关知识，提高自身的安全、环保知识	10%
	考核指标	**指标工作要求**	**发生后**
一票否决项	没有实施相关岗位行为观察，连续两次	行为观察记录应当填写完整，不得字迹潦草，不得连笔签字	−100分
	当月每日安全检查、电缆检查缺失两次	1.应特殊原因不能进行当天的安全检查时，应当主动与其他安全管理人员进行互换检查；2.若当日均无安全管理人员可以进行检查，应当及时向领导说明，并在第二天及时进行补查	−100分
	无故不参加当月公司级安全大检查	因特殊原因不能参加公司级安全大检查，应当至少在会议召开前一天向领导说明情况	−100分
	检查时未发现安全隐患而被上级领导发现安全隐患，连续两次	在安全检查规程中必须积极、负责	−100分
	未将发现的安全隐患及时上报安环部，连续两次	在检查工程中发现有安全隐患的，必须在当日的安全检查报告中明确说明	−100分

小贴士

为了鼓励兼职安全员工作，对从事兼职安全员岗位的人，应当设置一定的奖金。员工在履行兼职安全员岗位职责后，获得这部分奖金。为提高兼职安全员岗位的价值，对于在安全方面做出突出贡献的人员，可以设置更多的物质激励或精神激励。

7.3 项目冲突管理

除风险外，项目经理常常要面对各类冲突。冲突和风险一样，具有不可预知性。如果放任冲突不管，可能影响项目正常运行。项目经理要有能力查找冲突源，避免冲突发生；要有能力根据冲突的场景采取不同的应对措施；要有能力应对员工的对抗。

7.3.1　如何避免冲突发生

问题场景

1　项目经理总会在项目中面临各种冲突，有时候是团队成员间起冲突，有时候是团队成员和项目经理间起冲突。

2　冲突和风险一样，总是伴随着项目进展。

3　没有冲突是最好的，有没有什么办法可以避免冲突呢？

4　避免冲突的关键是预防，预防的关键是找到冲突源，管理冲突源。

5　什么是冲突源?

6　就是可能引起冲突发生的源头。

问题拆解

　　管理冲突和管理风险一样，都要先从抓源头入手。在风险管理时，为预防风险发生，要识别出风险源。在冲突管理时，为了预防冲突发生，也要识别出冲突源。风险源可以被提前预知和应对，冲突源也可以被提前预知和应对。

方法与工具

工具介绍

冲突源管理

　　要避免冲突发生，首先要知道冲突可能发生在哪些方面。冲突产生的源头，被称为冲突源。在项目管理中，冲突可能来源于方方面面，例如制订项目目标时可能产生冲突，讨论技术问题时可能产生冲突，实施项目沟通时也可能产生冲突。一般来说，项目管理中的冲突源可能来源于两大维度，一是事的维度，二是人的维度。

项目管理中的冲突源

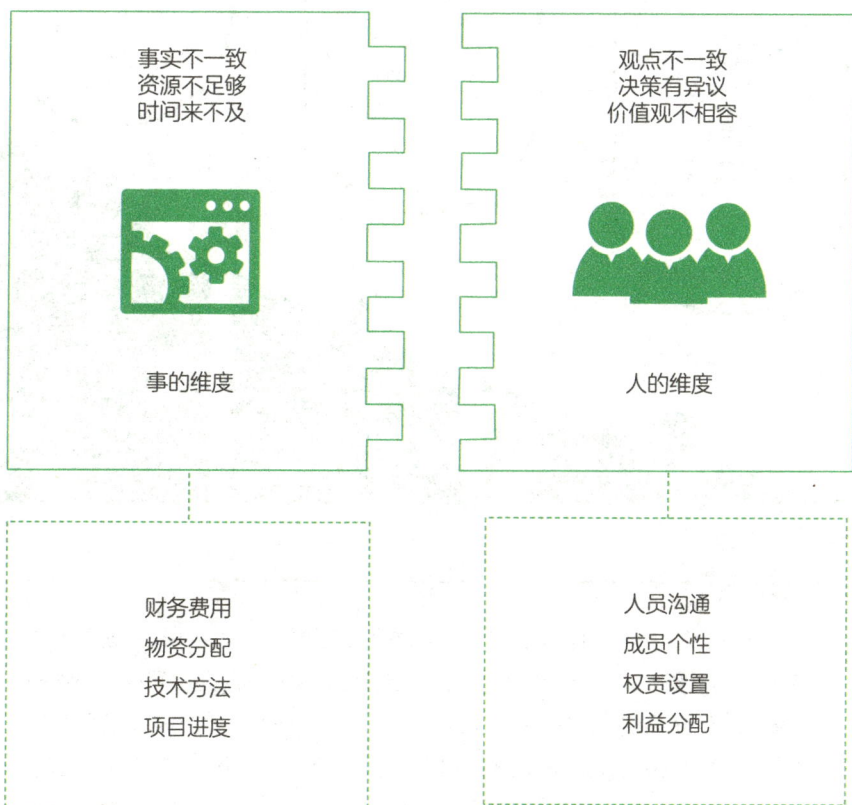

事实不一致
资源不足够
时间来不及

观点不一致
决策有异议
价值观不相容

事的维度

人的维度

财务费用
物资分配
技术方法
项目进度

人员沟通
成员个性
权责设置
利益分配

应用解析

项目各阶段常见冲突类型

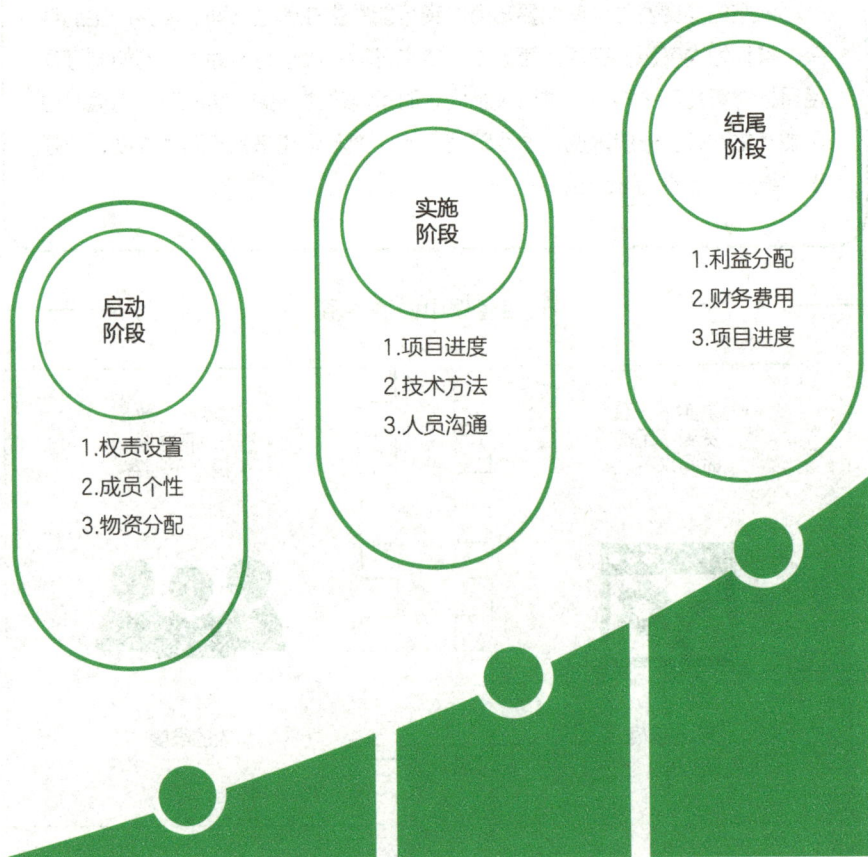

结尾阶段

1.利益分配
2.财务费用
3.项目进度

实施阶段

1.项目进度
2.技术方法
3.人员沟通

启动阶段

1.权责设置
2.成员个性
3.物资分配

小贴士

　　一般来说，在项目管理的全阶段，关于项目进度的冲突，权责设置的冲突和人员沟通的冲突都会伴随始终。项目进度冲突的本质是时间不足引发的冲突；权责设置冲突的本质是成员期望拥有更大的权利、更小的责任引发的冲突；人员沟通冲突的本质是成员知识背景不一致和信息不对称引发的冲突。

7.3.2 如何应对项目冲突

问题场景

1　我们有个项目经理，平时人不错，但常常因为与团队成员发生冲突而引发问题。有时候冲突大到摔门、拍桌子，离引发肢体冲突只有一步之遥。

2　看来这位项目经理没掌握有效应对冲突的方法。

3　这位项目经理性格比较强，面对冲突总是"迎难而上"，一点儿都不让步，也从来不怕矛盾升级。

4　需要让这位项目经理多尝试用别的方法来应对冲突，不一定遇到什么事都要直面冲突。

5　当冲突发生时，不直面冲突，还有别的方法来应对冲突吗？

6　当然，有时候回避冲突或适当妥协，也是应对冲突的好办法。

问题拆解

在项目管理中，冲突往往在所难免。当冲突出现时，针对不同的情境，解决方案也不是单一的。应对冲突的方式有很多，不是只有立即采取正面回应这一种方式，有时候，缓一缓、放一放、等一等，冲突自然就会解决或得到缓解。

方法与工具

工具介绍

应对冲突的 5 种方法

项目管理中的冲突可能发生在外部，也就是项目经理要面对别的人与人之间的冲突或人与事之间的冲突；也可能发生在内部，也就是项目经理要面对自己与别人之间的冲突或自己与事之间的冲突。不论面对哪种冲突，可以采取应对冲突的方法有 4 种，分别是缓和、回避、命令、坚持和妥协。

应对冲突的 5 种方法

当有理有据，有能力化解冲突时，可以尝试缓和或调停冲突，让冲突方把视野聚焦在共同的目标上，而非总盯着分歧。

当不知道如何应对冲突时，可以先采取回避或撤出的方式。回避通常是暂时的，回避冲突不代表完全忽略冲突。

当冲突发生在项目经理的下级之间，且项目经理能够理清楚冲突的来龙去脉时，可以采取命令的方式解决冲突。

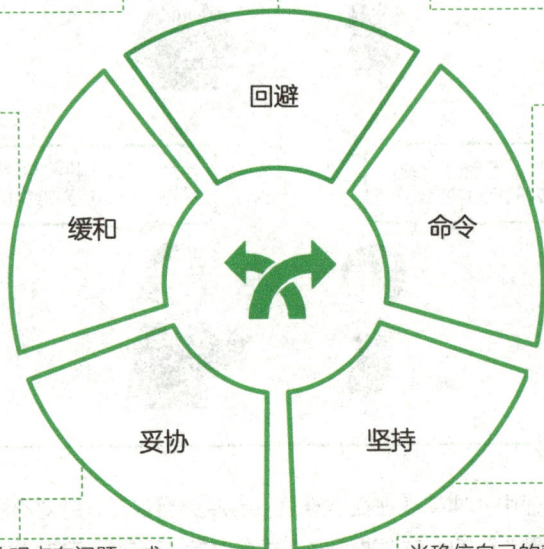

- 回避
- 命令
- 缓和
- 妥协
- 坚持

当发现自己的观点有问题，或形势需要时，可以采取妥协的方式应对冲突。妥协并不意味着对自己的否定，只代表对别人的肯定。

当确信自己的观点正确，如果不据此操作可能产生较大负面影响，或涉及原则性问题时，可以坚持自己的观点，有理有据地直面冲突。

应用解析

应对冲突的 4 个原则

应对冲突时，是否真情实意地对待别人，别人是有感觉的。每个人都喜欢真诚的人，真诚有助于借助沟通化解冲突。

1 **真诚**

应对冲突时，一定不要自顾自地自说自话，要善于询问和倾听别人的想法，要尝试站在别人的角度去理解其想法。

倾听 2

3 **反馈**

冲突往往源于无法相互理解，无法相互理解的源头有时候是信息不对称。双方心平气和地相互反馈，能充分传递信息。

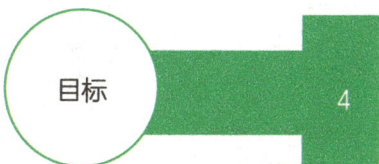

目标 4

项目管理中很多冲突背后的目标是一致的，都是为了完成项目的总目标。盯着目标，用目标来沟通，有时能让冲突自然消解。

小贴士

当采取坚持的态度应对冲突时，要注意不要把坚持错误地理解为一种对抗，更不要因为坚持而采取极端手段。坚持，可以"理直气软"，对某种观点坚持，不意味着一定要用强硬的方式去表达这种坚持。

7.3.3 如何应对员工对抗

问题场景

1　在一些比较重要的项目上，员工和项目经理之间的对抗比较明显。

2　是不是项目经理给员工的压力太大了，让员工产生了对抗情绪？

3　也许是吧，毕竟这类项目不允许出问题，项目经理对每个人的要求都很高，对自己的要求也很高。

4　有目标是好事，但没有人喜欢压力。

5　难道还可以把目标和压力分开吗？

6　为什么不可以？目标是一种愿景，压力是一种情绪，项目经理不应刻意把目标和压力联系在一起。

问题拆解

　　员工的对抗情绪通常来源于人们总偏向于对自己做出较高的评价，当现实与这种自我评价相悖时，人们有逃离现实的倾向，就可能出现对抗情绪。对于一些工作具备一定挑战性和压力的岗位，员工的对抗情绪可能格外明显，项目经理应理性面对。

方法与工具

工具介绍

员工对抗的处理方法

员工的业绩压力越大，谈话过程中产生的对抗情绪可能越大，项目经理要锻炼自己应对各类员工对抗性情绪的方法。

当项目经理遇到员工出现对抗性情绪的时候，应保持镇定、积极应对，缓解下属的消极情绪。把焦点带回到工作上，和员工一起为工作找方法。

应对员工谈话中的对抗情绪，有 3 个关键点，分别是保持理智、倾听心声、客观判断。

员工谈话应对下属对抗的 3 个关键点

面对下属的对抗，团队管理者自己的心智不能乱，不要慌张，也不要用对抗来回应对抗，要保持客观，了解状况，独立思考，不要被下属给"带着走"。

倾听和考虑下属的观点，让下属充分表达，找到他们想表达的关键信息或核心思想，判断他们说的是客观事实，还是主观判断，是否有理有据。

保持理智

倾听心声

客观判断

判断下属表达内容的合理性，如果是合理的，应当考虑，并且给出一定的空间。如果不合理，那么应当以事实为依据，给下属反馈，和下属一起思考和寻找解决方案。

应用解析

员工谈话常见的 4 种对抗类型及应对策略

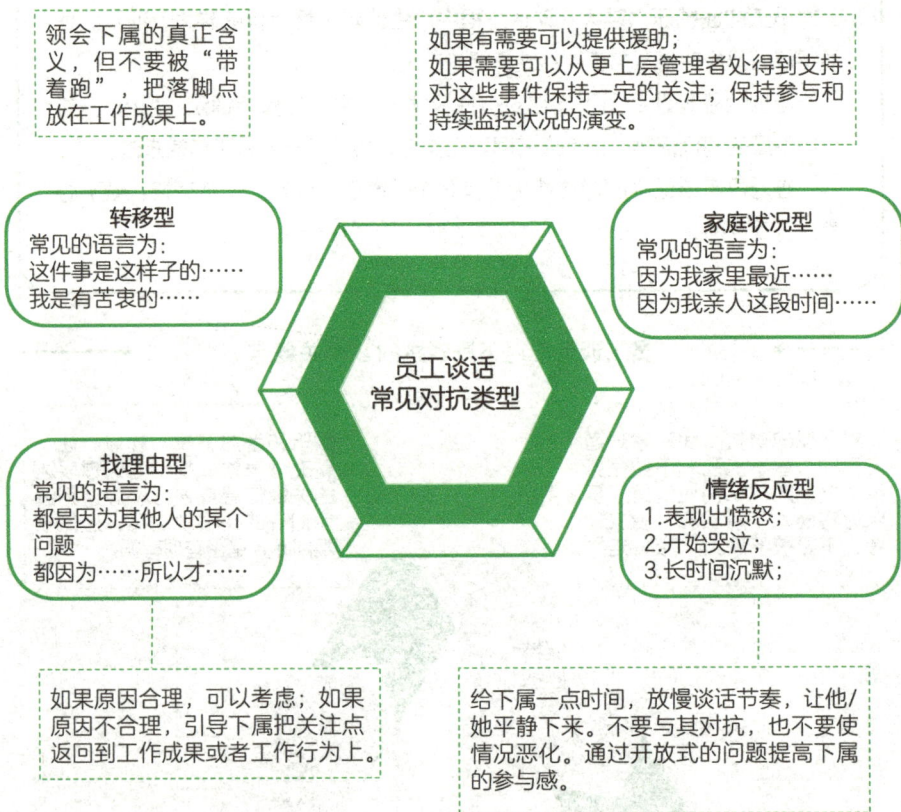

领会下属的真正含义，但不要被"带着跑"，把落脚点放在工作成果上。

如果有需要可以提供援助；
如果需要可以从更上层管理者处得到支持；
对这些事件保持一定的关注；保持参与和持续监控状况的演变。

转移型
常见的语言为：
这件事是这样子的……
我是有苦衷的……

家庭状况型
常见的语言为：
因为我家里最近……
因为我亲人这段时间……

员工谈话
常见对抗类型

找理由型
常见的语言为：
都是因为其他人的某个问题
都因为……所以才……

情绪反应型
1.表现出愤怒；
2.开始哭泣；
3.长时间沉默；

如果原因合理，可以考虑；如果原因不合理，引导下属把关注点返回到工作成果或者工作行为上。

给下属一点时间，放慢谈话节奏，让他/她平静下来。不要与其对抗，也不要使情况恶化。通过开放式的问题提高下属的参与感。

小贴士

　　员工的对抗情绪有时候是一种情绪抒发，有时候是一种信息表达，并不一定是员工对项目经理的不敬。很多项目经理为了表达自己对员工情绪的不满，用自己的对抗情绪来对待员工的对抗情绪。这样做不仅解决不了问题，而且很可能会激发团队矛盾，造成不良的后果。